Volker Präkelt

Entdeckungsreise durch die Welt
der Wissenschaft

Volker Präkelt

Entdeckungsreise durch die Welt der Wissenschaft

Reader's Digest

Deutschland · Schweiz · Österreich

Zum Zeitpunkt der Drucklegung wurden die im Buch angegebenen Internetadressen auf ihre Richtigkeit hin überprüft. Adressen und Inhalte können sich jedoch schnell ändern. So können Internetseiten für Kinder ungeeignete Links enthalten. Der Verlag kann nicht für Änderungen von Internetadressen oder für die Inhalte auf den angegebenen Internetseiten haftbar gemacht werden. Wir raten, Kinder nicht ohne Aufsicht im Internet recherchieren zu lassen.

Bildquellennachweis

akg-images/IAM: S. 11; Karen Chin/Royal Saskatchewan Museum: S. 19; Dinosaurier-Park Münchehagen (GmbH & Co. KG)/Pascal Bunk: S. 14; Dinosaurier-Park Münchehagen (GmbH & Co. KG): S. 37, S. 38, S. 55; Jura-Museum Willibaldsburg, Eichstätt: S. 54; Museum für Naturkunde Berlin: S. 43; picture-alliance/dpa/ Holger Hollemann: S. 17; picture-alliance/dpa/Wolfgang Weihs: S. 53; picture-alliance/ dpa/PA National Geographic Society: S. 17; picture-alliance/dpa/Frank Rumpenhorst: S. 27; picture-alliance/dpa/John Zich, S. 13, S. 40; picture-alliance/dpa/dpaweb/Friso Gentsch: S. 17; picture-alliance/dpa/dpaweb/Bernardo Gonzalez Riga: S. 17; picture-alliance/Sodapix AG/Michael Blaser: S. 35; Senckenberg Forschungsinstitut und Naturmuseum: S. 25, S. 29, S. 67; Urwelt-Museum Hauff/Rolf Hauff, Holzmaden: S. 33; Zoo Leipzig: S. 65; akg-images/Francois Guénet: S. 81 unten rechts; akg-images/Werner Forman: S. 83; Bayerisches Armeemuseum Ingolstadt/Foto Christian Stoye: S. 102; picture-alliance/chromorange/P. Widmann: S. 69; picture-alliance/Helga Lade Fotoagentur GmbH/Sandhofer: S. 81 oben links; picture-alliance/dpa/dpaweb/Armin Weigel: S. 81 oben rechts; picture-alliance/Artcolor/Karl Thomas: S. 81 Mitte links; picture-alliance/akg-images/Catherine Bibollet: S. 94; picture-alliance/prismaarchivo: S. 100; picture-alliance/Arco Images GmbH/ P. Weimann: Cover, S. 103; picture-alliance/Süddeutsche Zeitung Photo/Wolfgang Filser: S. 104 oben; picture-alliance: S. 104 Mitte; picture-alliance/ZB/dpa-Report/Britta Pedersen: S. 107; picture-alliance/ZB/dpa/ Peter Förster: S. 109; picture-alliance/Artcolor/Hermann Historica GmbH: S. 111; picture-alliance/Bildagentur-online/FW: S. 118; picture-alliance/Mary Evans Picture Library: S. 123; picture-alliance/KPA: S. 124; picture-alliance/dpa/Fotoreport Peter Ernszt: S. 125; picture-alliance/Arco Images GmbH/H. Reinhard: S. 126; picture-alliance/dpa/Felix Hörhager: S. 127; picture-alliance/Arco Images GmbH/P. Weimann: S. 129; ESA: S. 163 M., S. 168, S. 181 o. l./o. r.; ESA/S. Corvaja: S. 163 o. l.; ESA/DLR/FU Berlin/G. Neukum: S. 167 u.; ESA/ NASA: S. 179; Tim Florian Horn: S. 191; NASA: S. 131, S. 134, S. 141, S. 143 o. l., S. 143 M. l., S. 143 u. l., S. 151 l., S. 151 r., S. 162, S. 163 o. r., 163 u. l., S. 182; NASA/ACS Science Team/ESA: S. 177; NASA/ESA/ M. Buie (Southwest Research Institute): S. 15; NASA/ESA/Hubble Heritage: S. 178; NASA/JPL-Caltech: S. 167 o., S. 167 M.; picture-alliance/abaca/Olivier Douliery: S. 164; picture-alliance/J. W. Alker: S. 140; picture-alliance/Bild-agentur-online/McP-Insadco: S. 181 M.; picture-alliance/Allan Copson/Robert Harding: S. 181 u.; picture-alliance/dpa: S. 142, S. 153; picture-alliance/dpa/NASA: S. 143 o. r.; picture-alliance/Helga Lade Fotoagentur: S. 187; picture-alliance/NASA via CNP: S. 137, S. 143 M. r.; picture-alliance/Newscom/NASA: S. 163 M. r.; picture-alliance/WILDLIFE: S. 170.

© für diese Ausgabe:
Reader's Digest Deutschland, Schweiz, Österreich
Verlag Das Beste GmbH, Stuttgart, Zürich, Wien
© der Einzelbände in der Originalausgabe:
Arena Verlag GmbH, Würzburg

Reader's Digest
Redaktion: Falko Spiller
Grafik: Peter Waitschies
Chefredakteurin Ressort Buch: Dr. Renate Mangold
Art Director: Susanne Hauser
Illustrationen: Derek Roczen, Alexander von Knorre, Fréderic Bertrand
Texte: Volker Präkelt
Druck und Bindung: Westermann Druck Zwickau GmbH
Printed in Germany
ISBN 978-3-89915-942-4

Volker Präkelt

BAFF!
Wissen

Zicke, zacke, Dinokacke!

Was die Forscher in Riesenhaufen
finden und was sie über
die schrecklichen Echsen wissen

Mit Illustrationen von Derek Roczen

Volker Präkelt ist der geistige Vater der frechen Fernsehratte „Marvi Hämmer", deren Hörbücher den „Jahrespreis der Deutschen Schallplattenindustrie" bekamen. Er mag das Lied „Die Dinosaurier werden immer trauriger", auch wenn die letzte Strophe etwas abenteuerlich klingt: Angeblich passten die Dinos nicht auf die Arche Noah. Warum sie wirklich ausstarben, weiß keiner ganz genau.

Derek Roczen ist studierter Künstler und Trickfilmzeichner. Er illustriert Bücher mit Leidenschaft und entwickelt Trickfilmbeiträge fürs Fernsehen (3sat, arte). Seine Kurzfilme „Captain Bligh" und „Bärenbraut" wurden auf vielen Festivals gezeigt. Er lebt in Köln am Rhein und wird sich im nächsten Kölner Karneval als Dino verkleiden!

K-Riex ist ein Incisivosaurus, der vor 128 Millionen Jahren im heutigen China lebte. Der Minidino mit der großen Klappe wurde extra für dieses Buch zum Leben erweckt. Er spricht Berlinerisch.

Potus ist ein gewitzter Rabe, der durch die Zeiten fliegt und sich in Urzeiten wie Trias, Jura und Kreide bestens auskennt. Er hält sich für einen engen Verwandten der Dinos und findet den T-Rex völlig überschätzt.

Den Tyrannosaurus Rex, auch T-Rex genannt, kennt jeder.

Inhalt

Wie heißt du?
K-Riex? Klingt
wie Karies.

Is 'n Spitzname.
Ick bin 'n Hasenzahn-
saurier, weeßte.

Potus

K-Riex

Dinokino

Stell dir vor, du sitzt im Kino. Lange passiert gar nix. Dann feuerrote Farbe. Eine Stimme donnert los: „Die Erde war ein glühender Ball. Überall Magma, Lava und Gase." – „Wann kommen die Dinos?", nölt dein Freund. Keine Ahnung! Es regnet im Film und du pennst ein.

Als du aufwachst, sind acht Stunden rum. Auf der Leinwand ist alles überschwemmt. Algen, Pilze, fiese Fische – das Urmeer. Dann rauschen Erdplatten aus dem Wasser. „Pangäa!", tönt die Stimme.
„Der erste Riesenkontinent!"

Zwischen Farnen und Palmen wuseln riesige Libellen und meterlange Tausendfüßler. Krachend entstehen neue Kontinente: Laurasia und Gondwana. Dann zittert das ganze Kino. Nach elfeinhalb Stunden endlich Brachiosaurus und T-Rex. Die Show der Saurier! Geht doch!

Eine halbe Stunde ist was los. Dann sind die Riesenviecher weg, ganz kurz sieht man einen Menschen – und Schluss. Zum letzten Mal die Stimme: „Wenn man die Geschichte der Erde in zwölf Stunden erzählt, kommen wir Menschen nur ein paar Sekunden lang vor!"

Luis

Luis: Ein Stegosaurus! Das ist der mit den großen Knochenplatten. Ich liebe Dinogeschichten. Wie cool wäre es, wenn eines Nachts ein Raptor durch mein Fenster blinzeln würde.

Tom „Dakota" Tanner: Der frisst dich garantiert, Luis! Hallo, Dinofans! Ich heiße Tom und bin Paläontologe. Leute wie ich erforschen die Urzeit. Meine Freunde nennen mich „Dakota". In dem amerikanischen Bundesstaat South Dakota hat man viele Spuren des T-Rex entdeckt – ich war dabei.

Tom „Dakota" Tanner

Tyrannosaurus Rex

Urviecher!

Urmensch!

T-Rex vom FBI beschlagnahmt

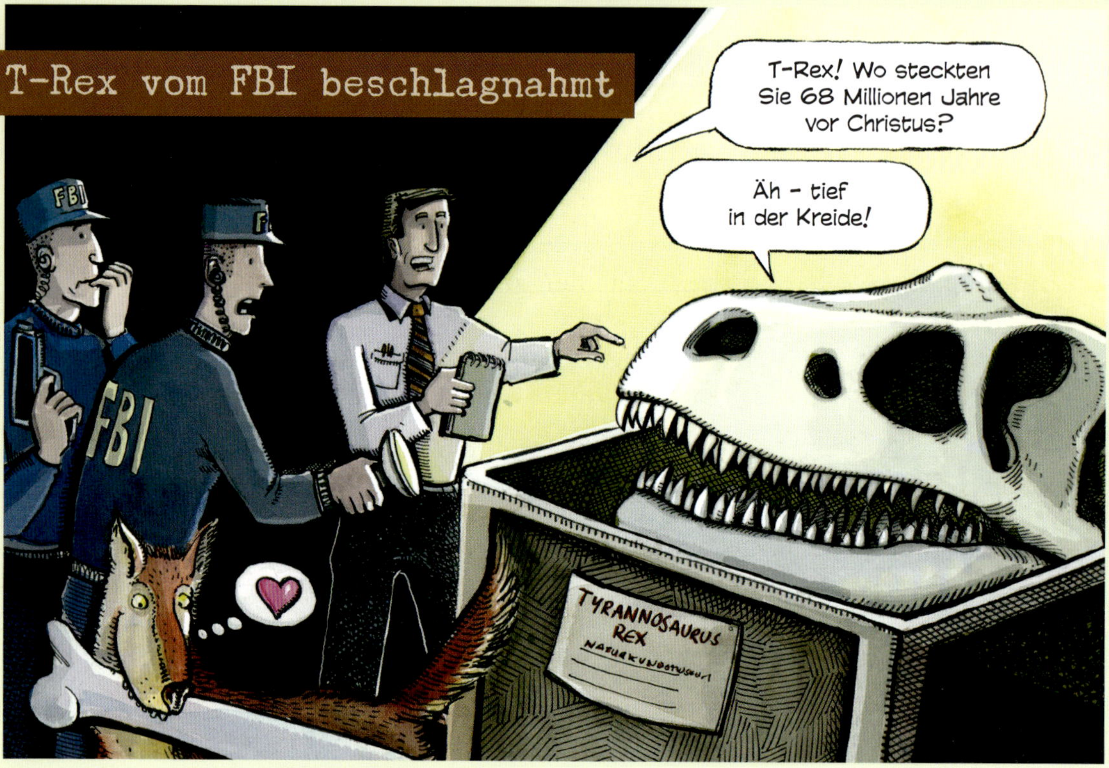

Ferien im Dinopark

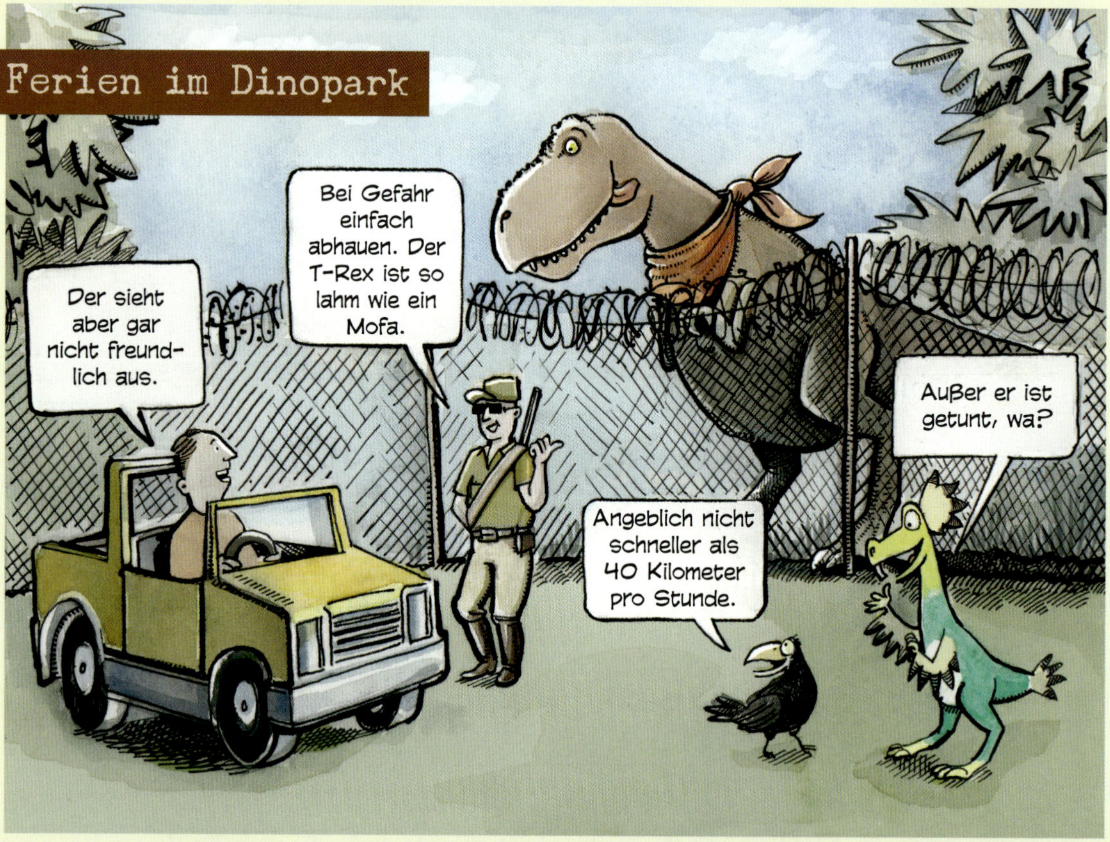

Rex beißt T-Rex

Können die beiden T-Rex-Geschichten wirklich so passiert sein?

T-Rex vom FBI beschlagnahmt?

So passiert! Das Skelett des T-Rex „Sue" wurde 1990 von der Forscherin Sue Hendrickson in South Dakota entdeckt. Auf dem Grundstück eines Farmers. Der hatte das Land den Forschern überlassen – aber ohne Dino. Das FBI beschlagnahmte die Fossilien. Ein jahrelanger Rechtsstreit um die Besitzrechte folgte. Schließlich wurde Sue versteigert. Den Zuschlag erhielt ein Museum in Chicago – für 7,6 Millionen Dollar.

Die Forscherin und ihr Dino

Potus packt aus

Jahrelang hielt man „Sue" für ein Mädchen. Jetzt vermutet man, dass es doch ein Junge war.

Ferien im Dinopark?

Frei erfunden! Einen Freizeitpark mit lebenden Dinos gibt es nur im Film „Jurassic Park". Der ist ab zwölf. Die Story: Ein stinkreicher Mann lässt die Dinos mithilfe der Gentechnik wiederauferstehen und baut einen Dinopark. Was als Spaziergang unter friedlichen Grasfressern beginnt, wird für die Menschen zum Albtraum. Im Dinopark Münchehagen gibt es keine lebendigen Dinos, sondern originalgetreue Modelle.

Nicht echt, aber echt toll! Der Giganotosaurus im Dinopark Münchehagen.

Potus packt aus

Das Wort „Dinosaurier" kommt aus dem Griechischen und bedeutet Schreckensechse. Erfunden hat es der britische Forscher Richard Owen. Der ließ einen riesigen Dino bauen und lud andere Forscher zum Essen ein – im Dinomagen.

Dinojäger Tom „Dakota" Tanner bereitet eine Ausstellung vor. Gestern hat er im Museum einige Teile beiseitegelegt. Anscheinend hat nachts jemand alles durcheinandergebracht. Kannst du Tom helfen? Was gehört auf keinen Fall in eine Dinoausstellung?

Der Dinokacke auf der Spur
Luis befragt Tom „Dakota" Tanner

Luis: Professor Tanner, ich freue mich …

Professor Tanner: Den Professor lass mal gleich weg, Luis. Wenn wir verdreckt und verschwitzt nach Fossilien suchen, reden wir uns mit dem Vornamen an. Nenn mich einfach Tom!

Luis: Mach ich doch glatt, Tom! Du hast gerade was von Fossilien erzählt. Das sind ja Versteinerungen. Wann versteinern Knochen denn?

Tom: Wenn die Knochen – oder Schalen und Zähne, also die harten Körperteile – von Sand, Lehm oder Gestein bedeckt sind. Das dauert einige Millionen Jahre.

Ick bin erst seit 2002 bekannt.

Luis: Und wie kommt man dran?

Tom: Manchmal tragen Wind und Wetter Gesteinsschichten ab und die Fossilien liegen plötzlich frei. Wenn nicht, dann hilft uns ein Bodenradar. Elektromagnetische Wellen zeigen, was unter der Erde verborgen ist.

Luis: Klingt spannend. Und die Fossilien erzählen uns was über die ausgestorbenen Tiere und ihre Zeit?

Tom: Ja! Man kann messen, wie viel Salz das Meerwasser enthielt, in dem Meerestiere gelebt haben!

Skelett eines
Titanosaurus

Dinosaurier-
Eier

Ob der
Fußabdruck zur
Kralle passt?

Fußabdruck eines
Allosaurus

Luis: Meerwasser? Findet man denn an Land auch Fossilien von Meerestieren?

Tom: Und ob! Du darfst nicht vergessen, dass sich die Erde seit der Urzeit total verändert hat. Kennst du die Zugspitze?

Luis: Du meinst den höchsten Berg in Deutschland, oder?

Tom: Genau. Die Zugspitze war damals von einem Meer bedeckt. Und Deutschland lag vor 600 Millionen Jahren am Südpol. Geografisch gesehen.

Luis: Cool! Was findet man denn so aus dieser Zeit?

Tom: Zum Beispiel Lebewesen, die ihre Nahrung aus dem Wasser filterten. Der wohl älteste Saurier war der Eoraptor aus Argentinien.

Luis: Wie kriegt man denn raus, wie alt so ein Dinoskelett ist?

Tom: Eine Fundstätte ist wie ein Tatort. Wir gehen vor wie Kriminologen. Zuerst müssen wir wissen, wie alt die Gesteinsschicht ist. Dann prüfen wir, ob die Knochen zu Fossilien passen, die wir schon kennen. Modernste Technik hilft uns, das genaue Alter festzustellen. Wir nennen das Radiokohlenstoffdatierung.

Luis: Hammer! Hat was mit Atomen zu tun, oder?

Tom: Grob gesagt: Man kann messen, in welcher Zeit radioaktive Atome zerfallen. Das sagt uns, wie alt die Fundstücke sind. Auf jeden Fall muss man als Paläontologe – so nennt man Urzeitforscher wie

Zicke, zacke,
Dinokacke!

mich – eine ganze Menge mehr können, als versteinerte Knochen ausbuddeln.

Luis: Stell ich mir krass vor.

Tom: Bis du den ersten Dinohaufen findest. Stinkt wie die Hölle. Nein, Quatsch! Versteinerte Haufen riechen nicht. In ihnen kann man vieles entdecken – unverdaute Speisereste wie Knochenteile oder Schalen. Die Speisekarte eines Dinos studieren, das kann spannend sein. Aber es gibt auch langweilige Tage.

Luis: Stink-langweilige?

Tom: Wenn man nur „Schulterknochen" findet. So nennen wir Knochen, die wir uninteressant finden. Und wegwerfen – über die Schulter.

Potus packt aus

Auch ein Saurier musste mal ins Gebüsch. Seine Haufen machte er zwischen Schachtelhalmen und Gingkobäumen. Koprolithen nennen die Wissenschaftler die versteinerte Hinterlassenschaft.

Super-Luis
in der Kreide

Bleibt nur noch die Kreide.

Kreide: vor 144 bis 65 Millionen Jahren

?

ZIRKUS KREIDE

WAS??

Bravo, Miranda!

Ich glaube, Miranda geht's hier ziemlich gut.

Das ist ja voll peinlich!

Nächstes Mal siehst du selbst zu, wie du nach Hause kommst!

ZIRKUS KREIDE

In der Kreide kann ich mich nicht mehr blicken lassen!!!

Miranda hat wieder an der Zeitmaschine rumgespielt. Nichts als Ärger mit den kleinen Schwestern!

ENDE

Brachiosaurus

Wann: vor ca. 150 Millionen Jahren
Länge: 30 Meter
Gewicht: 28 Tonnen
Ernährung: Pflanzenfresser
Kennzeichen: leichte Knochen

Herrerasaurus

Wann: vor ca. 228 Millionen Jahren
Länge: 3 Meter
Gewicht: 228 kg
Ernährung: Fleischfresser
Kennzeichen: Ein echter Ursaurier!

Velociraptor

Wann: vor ca. 85 Millionen Jahren
Länge: 2 Meter
Gewicht: 20 kg
Ernährung: Fleischfresser
Kennzeichen: jagt im Rudel

Triceratops

Wann: vor ca. 76 Millionen Jahren
Länge: 9 Meter
Gewicht: 10 Tonnen
Ernährung: Pflanzenfresser
Kennzeichen: 3 Hörner

T-Rex

Wann: vor ca. 67 Millionen Jahren
Länge: 13 Meter
Gewicht: 7 Tonnen
Ernährung: Fleischfresser
Kennzeichen: messerartige Zähne

Parasaurolophus

Wann: vor ca. 76 Millionen Jahren
Länge: 10 Meter
Gewicht: 4 Tonnen
Ernährung: Pflanzenfresser
Kennzeichen: kann Töne erzeugen

Ankylosaurus

Wann: vor ca. 75 Millionen Jahren
Länge: 10 Meter
Gewicht: 4 Tonnen
Ernährung: Pflanzenfresser
Kennzeichen: Schwanzkeule

Brachiosaurus. Dinokacke, nur 150 Millionen. Moment – 30 Meter lang! Jeeeewonnen!

Herrerasaurus, 228 Millionen Jahre.

Was ein Dino erzählen würde
Luis befragt einen kleinen und einen sehr großen Dinosaurier

Luis: Hallo! Toll, dass ich euch was fragen darf. Zur Sache. Ihr vermehrt euch durch äh ...

Herrera: ... Eierlegen?

Luis: Danke, Kleiner! Genau das wollte ich sagen, Herrera. Herr Brachio, in eurer Familie müssen die Dinoeier riesig sein?

Oviraptor-Mama
im Eiernest.

Brachio: Frau Brachio, bitte. So groß auch wieder nicht. Größer als Fußbälle und sie gehen genauso selten kaputt.

Herrera: Groß oder klein, wir passen alle gut auf die Eier auf. Das beweist eine berühmte Versteinerung. Eine Oviraptor-Mama breitet schützend ihre Arme über ein Nest von 22 Eiern.

Brachio: Gefiederte Arme? Gehen die damit auf Kostümpartys? Mit RAPtor-Musik und Hackfleischbällchen?

Herrera: Pöh! Wenigstens essen wir keine Steine wie ihr Pflanzenfresser.

Luis: Magensteine – davon habe ich auch gehört. Damit zerkleinert ihr Sauropoden das Grünzeug, oder? Bleiben die ein Leben lang drin?

Brachio: Wenn sie abgeschliffen sind, müssen sie wieder raus. Da sitzt man schon mal eine Zeit im Gebüsch und drückt. Hinterher schlucken wir neue. Ist wichtig. Ich verputze am Tag eine halbe Tonne Grünfutter.

Herrera: Ach, du Kacke! Diese riesigen Haufen.

Brachio: Ich dachte, Fleischfresser wie du fürchten sich vor nichts! Oder gilt das nur für die – größeren?

Luis: Nicht streiten. Anderes Thema. Habt ihr euch zum Schlafen hingelegt?

Herrera: Ich schon.

Brachio: Ein bisschen Dösen, im Stehen. Als 30-Tonner kommst du nicht so schnell auf die Beine.

Luis: Bestimmt hattet ihr Angst vor den großen Theropoden, den fleischfressenden Bestien. Allosaurus und so. Wie kann man sich vor denen schützen?

Brachio: Einer passt auf und warnt die anderen. Und ein Treffer von unserem Schwanz haut jeden um.

Potus packt aus

Natürlich denken die Forscher auch über die Intelligenz der Tiere nach. Dazu untersuchen sie die Größe des Gehirns. Klassenbester war der Velociraptor. T-Rex war vermutlich der Doofste.

Ich will nicht nach Mallorca!
Ein Giganotosaurus-Modell
wirbt für eine Ausstellung.

Herrera: Wir verstecken uns. Oder rennen einfach weg.

Luis: Letzte Frage. Seid ihr nun eigentlich wechselwarme Reptilien oder Warmblüter?

Nachsitzen!
Ich würde sagen …
eine Million
Jahre.

Herrera: Ich werde erst munter, wenn die Sonne scheint. Also – wechselwarm.

Brachio: Also ich – ich bin ein Warmblüter. Meine Temperatur ist immer gleich. Ich hab gehört, das liegt an unserer Größe.

1+1=

Luis: Danke, ihr zwei. Dann noch viel Spaß!

Mary Anning
und die Zehen-nägel des Teufels

Mary war die erste Dinojägerin. Sie suchte an den Klippen Südenglands – mit Erfolg! Potus hat ihr Tagebuch entdeckt.

Silvester 1812

Dieses Jahr haben wir viele Fossilien gefunden. Besonders „Schlangensteine!". Die haben wir verkauft. Das Beste aber war der Schädel – mit spitzen Zähnen und über einen Meter lang. Hat uns angeglotzt wie ein uraltes Meeresreptil. Bestimmt spült der nächste Sturm den Rest frei. Was ist das bloß für ein Tier? Vielleicht finde ich ja eine Antwort in den Büchern von Mrs Stock, der ich im Haushalt helfe. Wenn die Knochen zu keinem bekannten Tier passen, sind sie dann älter als wir Menschen? Davon will unser Pfarrer nichts wissen. Er nennt das, was wir finden, „Zehennägel des Teufels". Gott hat die Welt in einer Woche erschaffen, sagt er – mit allen Tieren und Menschen. Kommt mir kurz vor.

Ein Ammonit

Silvester 1822

Wir sind arm wie die Kirchenmäuse. Aber mein Bruder hat Arbeit.
Jetzt suche ich allein die Küste ab. Das Skelett zum Schädel habe
ich gefunden. Fünf Meter lang! Ein paar Leute halfen beim Ausgraben.
Manchmal kommen Wissenschaftler vorbei und streiten. Denn meine
„Seeungeheuer" haben einen Kopf wie ein Fisch und Knochen wie
ein Landwirbeltier. Wie passt das zusammen?

Silvester 1823

Wieder eine neue Entdeckung. Ich danke allen, die geholfen haben.
Wir haben 100 Wirbel geborgen, bevor die Flut kam. Sie gehören
zu einer unvorstellbaren Kreatur: Zähne wie ein Krokodil, ein kleiner
Kopf und ein Hals wie eine Schlange. Das Beste: Der französische
Naturforscher Georges Cuvier will sich meine Skizzen ansehen.

Silvester 1824

Schlechte Nachrichten. Cuvier glaubt mir nicht! So ein Tier kann es
gar nicht geben, schreibt er. Ich bin am Boden zerstört. Aber in London
verteidigt mich ein Forscher vor den anderen. Mein Plesiosaurus ist
echt! Ich suche weiter.

Silvester 1829

Ein traumhafter Fund. Ohne Zweifel konnte dieses Urzeitwesen fliegen. Seine Klauen müssen messerscharf gewesen sein. Morgen muss ich wieder Ammoniten sammeln. Geld ist alle. Gott sei Dank habe ich zu Weihnachten neue Holzschuhe und einen warmen Mantel bekommen.

Potus packt aus

Ichthyosaurier sahen aus wie riesige Delfine. Manche wurden bis zu 15 Meter lang. Mit den langen Schnäbeln und den spitzen Zähnen waren sie gefährliche Meeresräuber.

Plesiosaurus

Cylindro teuthis

Geosaurus

Wer war sie?

Mary Anning wurde am 21. Mai 1799 in Südengland geboren. Die kinderreiche Familie war bitterarm. Deshalb suchte Marys Vater, ein Handwerker, nach Fossilien. Die verkaufte er dann. Er starb an der Lungenkrankheit Tuberkulose, als Mary elf war. Wenig später fand sie ihren ersten Ichthyosaurus. Mary konnte die Schule nur wenige Wochen besuchen. Ihr Wissen holte sie sich aus Büchern. Wäre sie nicht mit 47 Jahren gestorben, wer weiß, was sie noch alles herausgefunden hätte …

Mosasaurus

Ichthyosaurus

Ichthyosaurus und Plesiosaurus –
Mary Anning hat sie beide gefunden.
Findest du die Fehler im Bild?

Was ist bloß im Urmeer los?
Luis befragt Tom „Dakota" Tanner

Luis: Die Geschichte von Mary ist der Hammer. Ich wette, man hat sie zur Professorin ernannt.

Tom: Denkste! Erst nach ihrem Tod wurde sie Ehrenmitglied der Geologischen Gesellschaft. Damals waren die Männer in der Wissenschaft ganz unter sich. Und bekämpften sich gegenseitig bis aufs Blut.

Luis: Wie die Dinosaurier – zu Land, zu Wasser und in der Luft …

Tom: Stopp, Luis. Ich muss was aufklären. Dinosaurier – so nennt man nur die Landsaurier. Meeressaurier und Flugsaurier sind eigene Gruppen.

Luis: Also gehören die Ichthyosaurier zu den Meeressauriern.

Potus packt aus

Auch Vögel tummelten sich in der Kreidezeit unter Wasser. Zum Beispiel Hesperornis, einer meiner Urahnen. Wie ein riesiger Pinguin trieb er auf den Wellen. Erspähte er Futter, tauchte er blitzschnell unter und schnappte zu. Mit den Zähnen in seinem Schnabel hielt er seine Beute fest. An Land konnte er vermutlich nur robben. Übrigens, kennst du den: Wenn Robben hinter Robben robben, robben Robben Robben nach!

Aus dem Urmeer
ins Museum –
ein Plesiosaurus
in Holzmaden.

Tom: Ja. Die hatten die größte Ähnlichkeit mit großen Fischen, daher nennt man sie auch Fischechsen oder Fischsaurier. An ihrer südenglischen Küste fand Mary besonders viele Fossilien von ihnen.

Luis: Und später den Plesiosaurus. Der war noch größer und stärker, oder?

Tom: Klar! Die Plesiosaurier jagten die kleineren Fischsaurier. Weil sie so einen langen Hals hatten, heißen sie auch Schlangenhalssaurier. Der Hals des Elasmosaurus war acht Meter lang. Vielleicht hielt er beim Schwimmen den Kopf über Wasser und schoss bei der Jagd nach unten.

Potus packt aus

Luis: Ein langer Hals wie beim Ungeheuer von Loch Ness. Ist ein Scherz!

Tom: Aber ein guter! Witzigerweise sehen Zeichnungen von Nessie wie Plesiosaurier aus. Das einzige Foto hat sich längst als Fälschung entpuppt. Der Fotograf schnitzte Nessies Kopf aus einem Spielzeug-U-Boot!

Mit Nessie wa ick ma zum Schnorcheln verabredet.

Wenn du lügst, werden deine Zähne länger!

Luis: Ganz schön frech. Welche waren denn die gefährlichsten Unterwasserbestien?

Tom: Die Pliosaurier der Kreidezeit. Der deutsche Dinojäger Eberhard Frey grub einen in Mexiko aus, fast 18 Meter lang – mit vier riesigen Flossen. Dabei war es ein Jungtier!

Luis: Puh!

Tom: Einige Jahre später entdeckten norwegische Paläontologen einen ganzen Saurierfriedhof. Im Knochen eines Pliosaurus steckte noch der Zahn von einem Ichthyosaurus.

Loch Ness, ein See in Schottland – in Wirklichkeit ohne Nessie!

Luis: Der hat sich also gewehrt?

Tom: Kampflos ließen sich die Kleinen nicht verspeisen. Dann gab es noch die Mosasaurier. Die waren bis zu 18 Meter lang und hatten nach hinten gebogene Zähne, mit denen sie ihre Beute zerreißen konnten. Die gaben sich nicht mit Fischstäbchen zufrieden! Ein Prachtexemplar wurde in Maastricht in Holland entdeckt. Auch in Nordeuropa hat's von Riesenechsen und Dinosauriern gewimmelt. Davon später mehr.

Potus packt aus

Von wegen Nessie! Meeressaurier starben mit den Dinosauriern aus. Nach ihnen beherrschte der Riesenhai Megalodon die Meere der Urzeit. Der hatte ein Maul wie ein Scheunentor und sein Biss war zehnmal so kräftig wie der des weißen Hais.

Unterwegs mit dem Dinoschiff – für Ramon ein Traum. Doch dann wird es Nacht ...

Monster
auf dem Dinoschiff

Drohend schraubt sich der vogelartige Kopf in die Höhe. Ein Austro-raptor – fünf Meter hoch! Ich gehe in Deckung. Der Schiffsboden zittert und ein Krachen ertönt aus dem Frachtraum. Nein! Hilfe! Der Giganotosaurus hat sich befreit. Schon schiebt sich der Schatten eines Riesenschädels an der Brücke entlang. Aus dem Kiefer tropft dampfender Geifer. Erbost beugt sich der Riese zu einem Rettungsboot und verbeißt sich darin. Auf allen vieren krieche ich zur Kajüte, reiße die Tür auf – und blicke in die starren Echsenaugen eines zweiten Raptors.

Aaaaaaargh! Von meinem eigenen Schrei wache ich auf. Kein Wunder, dass man so etwas träumt, wenn man auf einem Dinoschiff unterwegs ist. Eigentlich bringt der argentinische Frachter Autos nach Europa. Und fünf Container mit sauber zerlegten Skeletten von Dinosauriern. Die hat mein Onkel Ernesto vor ein paar Jahren entdeckt.

Vor dem Frühstück kontrolliere ich, ob an Deck alles klar ist. Vorsichtig mustere ich das Rettungsboot – keine Spur von Dinobissen.

Der beißt nicht! Ein Giganotosaurus im Dinopark Münchehagen.

Wat machste in Münchehagen, Austroraptor?

Im offenen Frachtraum höre ich meinen Onkel schimpfen. Er hockt vor einem Container und starrt auf seine leeren Hände. „Hat mir die Möwe doch glatt einen Fingerknochen geklaut! 85 Millionen Jahre alt!"

Er ist völlig verzweifelt. Die seltenen Dinos nach Deutschland zu bringen, das ist sein Lebenswerk. Und jetzt fehlt ein wertvolles Stück. „Verdammte Biester", blafft er. „Ich hab den Deckel nur kurz aufgemacht."

Ich zeige auf den Container. „Ich dachte, da sind nur nachgemachte Knochen drin!" – „Eben nicht", zetert Onkel Ernesto. „Es gibt auch echte!" Ich versuche, ihn abzulenken. „Und der Giganotosaurus – echt oder nachgemacht?", frage ich. „Nachgemacht", knurrt er. „Was denkst du, wie schwer allein der Schädel wäre?" Da steckt also nur ein Plastikschädel in der Kiste! „Puh", sage ich erleichtert. „Ich habe nämlich geträumt ..."

Mein Onkel sieht mich streng an. „Vor dem Einschlafen keine DVD mehr, Ramon", befiehlt er. „Übrigens, kennst du meinen schlimmsten Albtraum? Dass ich zum Frühstück komme und das Rührei ist alle. Los, in die Kombüse."

Als wir am Rettungsboot vorbeigehen, linse ich noch einmal rein. Da liegt ein knochenbleicher Brocken, krumm wie eine Möhre. „Schau mal, Onkel Ernesto. Ich glaub, die Möwen mochten das nicht!" Begeistert klopft er mir auf den Rücken und mir bleibt die Luft weg. „Hab ich's nicht gesagt, Ramon!", lacht er und umarmt mich. „Du hast das Zeug zum Dinojäger!" Ich klettere in das Boot und berge das wertvolle Stück.

„Gehört zu einem Carnotaurus", sagt er. „Zwei Hörner am Schädel – wie ein Rammbock." – „Und der ist wirklich echt?", frage ich. Er führt das Knochenstück an den Mund. „Wenn's an der Zunge klebt, Junge, dann ist das ein Knochen", sagt er. „Das liegt an den winzigen Kapillaren. Die sorgen für Haftung. Willst du mal probieren?" – „Nein danke", antworte ich. „Nicht vorm Frühstück."

Und icke!

Incisivosaurus

Rätsel

Saurier haben die verrücktesten Namen. Hier sind fünf. Einer ist frei erfunden. Bestimmt entdeckst du den falschen Dino!

Supersaurus

Microraptor

Gallimimus

Ferrarisaurus

Dracorex hogwartsia

Gerippe auf der Kippe
Luis befragt Tom „Dakota" Tanner

Tom: Ich hab was mitgebracht. Zum Freilegen und zum Präparieren der Fossilien.

Luis: Pinsel, Bürste, Handfeger – und was soll das sein? Ein Staubsauger?

Tom: Im Gegenteil. Eine Düse! Damit arbeiten manche Restauratoren. Also Leute, die Skelette zusammenbasteln. Auch die Knochen des T-Rex Sue haben sie freigeblasen. Mit Backpulver! Löst den Schmutz und lässt den Knochen heil.

Luis: Klingt wie in der Werbung. Wie lange dauert es, bis ein fast 13 Meter langer Räuber wie Sue im Naturkundemuseum von Chicago steht und schön biestig aussieht?

Einfach riesig! T-Rex Sue, die Neue im Museum im Jahr 2000.

Tom: Ganz schön lange. Bis sie alles freigelegt hatten, waren die Forscher 25.000 Stunden lang beschäftigt.

Luis: Monsterlang. Ich weiß nicht, ob ich so viel Geduld hätte.

Tom: Anschließend wussten sie alles über den Siebentonner mit den 58 messerscharfen Zähnen. Sue hatte ein paar Rippenbrüche überstanden, böse entzündete Zähne und Rückenprobleme.

Luis: Weiß man eigentlich, wie Sue gestorben ist?

Tom: Sie war wohl von kleinen Schmarotzern befallen, konnte nicht mehr fressen und verhungerte. Natürlich waren die Forscher neugierig, wie es in ihrem riesigen Schädel aussah. Der wurde ganz vorsichtig transportiert. Denn einige Schädelknochen sind dünn und zerbrechlich.

Luis: Wie bei einem Schokoladenhasen? Hoffentlich nicht so hohl.

Tom: Das Gehirn des T-Rex war größer als das anderer Saurier. Aber sein Endhirn, also der Teil zum Denken, war klein. Der Schädel bereitete den Restauratoren echte Probleme.

Luis: Wieso?

Tom: Er war so schwer, dass die übrigen Knochen ihn gar nicht hätten halten können – so ganz ohne Muskeln. Natürlich wollte keiner riskieren, dass Sues Skelett im Museum zusammenkracht. Also fertigten die Fachleute einen leichteren Abguss an.

Luis: Von den anderen Knochen auch?

Tom: Bei Sue mussten sie das gar nicht. 90 Prozent waren schließlich erhalten. Die Knochen wurden fein säuberlich zusammengesetzt. Dieser T-Rex hat sich alles gefallen lassen und sieht verdammt echt aus.

Luis: Finde ich auch. Kommt einem vor, als ob sie jemand gerade beim Fressen stören wollte. Fehlt nur das Brüllen!

Ick hasse Bauanleitungen!

Potus packt aus

Den ersten T-Rex fand der Paläontologe Barnum Brown 1902 im US-Bundes-
staat Wyoming. Er war verrückt nach
Sauriern. Seine Frau schrieb später
ein Buch mit dem Titel „Verheira-
tet mit einem Dinosaurier".

Tom: Die Museumsleute sind ganz stolz drauf. Ich war dabei, als Sue endlich wieder aufrecht stand, nach 67 Millionen Jahren. Den Kopf vorgereckt, den Rücken gerade und die kleinen Vorderarme wie in der Bewegung festgefroren.

Luis: Schade, dass es nach Chicago so weit ist.

Tom: In Deutschland gibt es aber auch spannende Dinoskelette.

Auf nach Berlin! Da steht das größte Dinoskelett der Welt.

Der Knochenkrieg
der Dinojäger

1787. In den USA wurde ein riesiger Knochen gefunden.

WOODBURY CREEK

Hadrosaurus, ca. 100 Millionen Jahre alt.

Die Wissenschaftler waren ratlos. Von Dinos hatte man noch nichts gehört.

Sieht aus wie der Knochen von einem T-...

... T-Bone Steak?

Mittagessen!!!

BAFF! Wissen sucht den Überfliegersaurier

Tom: Willkommen zum Finale! Im Erdmittelalter bevölkern Flugsaurier den Himmel. Sie haben ledrige Schwingen, unglaubliche Kopfformen und spitze Zähne – aber was ist das? Der erste Kandidat hat einen Schnabel wie eine – Zahnbürste!

Potus: Das ist ein Pterodaustro. Keine Zähne im Maul, sondern Tausende Borsten – wie ein Wal. Prächtiges Exemplar. Knapp einen Meter groß, lebte vor 125 Millionen Jahren.

Tom: Unser erster Finalist kommt also aus der Kreide. Wow – sein Schnabel ist wirklich praktisch. Ernährte sich von Plankton, also winzigen Meerestieren. Andere Überflieger, die an Küsten und Stränden lebten, waren noch kleiner und hatten einen spitzen Unterkiefer. Mit dem konnten sie im Wasser nach Fischen tauchen. Achtung! Da kommt schon der nächste.

Potus packt aus

Federn suchst du bei Flugsauriern vergeblich. Die Schwingen bestanden aus lederartigen Schichten, die bei Tag die Sonnenwärme aufnahmen. Wie die Flugsaurier über den Boden liefen, weiß man nicht genau. Experten vermuten, dass sie sich auf vier „Beinen" bewegten.

Tupuxuara

Tom: Der Schädel des Tupuxuara ist über einen Meter lang. Die riesigen Scheitelkämme speicherten die Wärme, wenn die Sonne tief stand. Ernährt hat sich dieser Flugsaurier von Fisch – wie die meisten anderen auch. Übrigens: Fliegen und gleiten konnten die wohl prima. Aber wehe, es kam ein Windstoß. Dann stürzten sie wahrscheinlich ab, meinen die Forscher.

Quetzalcoatlus

Potus packt aus

„Nemi" heißt mit vollem Namen Nemicolopterus crypticus. Der zahnlose Flieger, klein wie ein Sperling, wurde erst vor wenigen Jahren entdeckt. Mit seinen gebogenen Zehenknochen konnte er sich gut an Zweigen festklammern. Vermutlich lebte er auf Bäumen und verputzte Insekten.

Tom: Da kommt Super-Luis mit einem Giganten. Die Luft zittert von seinen gewaltigen Flügelschlägen. Wen hast du uns mitgebracht, Luis? Du bist ja ganz außer Atem!

Super-Luis: Echt schwer, den Burschen einzufliegen. Ein Quetzalcoatlus northropi, der Riese unter den Flugsauriern. Sein Körperbau ähnelt dem eines Segelfliegers. Ideal für das Gleiten auf warmer, aufsteigender Luft.

Tom: Passt ja kaum in unsere Halle. Wer flattert mir denn da um die Nase? K-Riex, verscheuch den bitte mal!

K-Riex: Uff keenen Fall! Det ist Nemi, een alter Kumpel. Der vermutlich kleenste Flugsaurier der Jeschichte. Lebte im heutigen China, wie icke.

Tom: Interessant! Ich würde sagen, das ist unser Gewinner!

Viele Dinos wurden in Deutschland entdeckt. Luis geht mit seinem Vater auf Entdeckungsreise.

Münchehagen

Frankfurt

Holzmaden

Eichstätt

Solnhofen

Trossingen

STAU

Deutschland –
Dinoland

„Achtung, eine wichtige Verkehrsdurchsage. Auf der A81 Richtung Würzburg ist eine Herde Plateosaurier unterwegs. Wenn Sie dem Saurierstau entgehen wollen, benutzen Sie die Umleitung."

Abgefahren! So hätte der Verkehrsfunk vor ungefähr 210 Millionen Jahren geklungen, hätte es da schon Menschen gegeben. Hier, in Süddeutschland, beginnt unsere Ferienreise. Hab ich mir von Papa zum Geburtstag gewünscht. Erste Station ist Trossingen in Schwaben. Dort wurden 35 Skelette von Plateosauriern, den acht Meter hohen Pflanzenfressern, gefunden. Gut erhalten! Im Museum von Trossingen kannst du dir einen ansehen. Schon 1909 entdeckten Kinder die ersten Knochen der „schwäbischen Lindwürmer". Inzwischen sind die Langhalssaurier in der ganzen Welt zu bewundern.

Keine Täuschung – Dinos auf der Autobahn ...

Ganz schön urig – der Urvogel Archäopteryx

Cool! Deutschland ist Dinoland. Wir machen einen Abstecher nach Bayern ins Jura-Museum in Eichstätt. Dort in der Nähe von Solnhofen wurde 1861 der allererste Archäopteryx gefunden. Übersetzt heißt das „alte Feder". Da die Vorfahren des Tieres Reptilien waren, hat der Archäopteryx noch Zähne im Schnabel und Krallen an den Flügeln. Dabei besitzt er aber schon Federn wie ein Vogel. Fliegen konnte er wohl nicht so richtig.

Schau dir den Archäopteryx im Jura-Museum in Eichstätt an.

Mitgemacht! Entdeckerstunde mit T-Rex in Münchehagen.

Weiter geht's nach Frankfurt. Im Radio läuft Musik. Papa singt mit: „Die Dinosaurier werden immer trauriger – denn die Saurier dürfen nicht an Bord ..." Gemeint ist die Arche Noah. Quietsch! Vollbremsung! Auf dem Mittelstreifen reißt ein T-Rex sein Maul auf. „Bleib mal locker", sage ich. „Gehört zum Senckenberg-Museum." Wow! Den Eingangssaal muss jeder Dinofan gesehen haben. Ich stelle mich unter den Hals eines riesigen Pflanzenfressers. Gleich fällt mir das Lied wieder ein. „Sie machten sich ganz schmal und zogen ihre Ohren ein – und passten immer noch nicht in die Arche Noah rein ..." Die armen Saurier!

Puh! Kann nicht jemand die Schule abschaffen? Leider haben wir nicht mehr so viel Zeit. Nur noch für den Dinopark Münchehagen. Dort, am Steinhuder Meer in Niedersachsen wird immer noch gebuddelt. Die Forscher vermuten, dass es Kämpfe auf Leben und Tod gab – anscheinend haben die schlauen Velociraptoren da ein paar Pflanzenfresser vertilgt. Und mein Papa dachte, die gibt's nur im Kino.

Wäre ich ein guter Dino-forscher?
Ein Test für alle

Wenn du die Fragen beantwortest und deine Punkte zusammenzählst, weißt du mehr.

Mit welcher Wissenschaft kommt man den Dinosauriern auf die Spur?

☐ Paläontologie ❷

☐ Dinologie ⓿

☐ Meteorologie ⓿

Am Strand entdeckst du riesige Spuren. Was tun?

☐ Ein paar Spaßfotos machen und sofort rumschicken. ❶

☐ Kein Handy dabei? Spuren ausmessen, abzeichnen, die Stelle absperren. ❷

☐ Weg damit! Nachher bricht am Strand noch Panik aus. ⓿

Du siehst Werbung für einen Film, in dem T-Rex mit Giganotosaurus kämpft.

☐ Nix wie hin! Den willst du sehen, da kann man was lernen. ⓪

☐ Nur die Ruhe! DVD zu Weihnachten wünschen, du verpasst nichts. ①

☐ Dinokacke! Völlig unrealistisch – die sind sich im wahren Leben nie begegnet. ②

Auf dieser Briefmarke sieht man einen Brachiosaurus im Wasser. Was denkst du?

Diese Briefmarke gibt es wirklich.
Da haben die Zeichner wohl gepennt.

☐ Endlich gefunden: das Ungeheuer von Loch Ness! ⓪

☐ Da gehe ich nicht rein. Wegen der Quallen und so. ①

☐ Die spinnen! Der Brachio war doch kein Meeressaurier. ②

Quizfrage: Wer war schwerer – ein Blauwal oder der größte Dino?

☐ Der Wal. Nein, der Dino. Du bist nicht sicher und wählst die nächste Frage. ①

☐ Der Meeressäuger. Eine Tonne Plankton am Tag ist was für ganz große Jungs. ②

☐ Natürlich der Dino! Saurier sind und bleiben die größten für dich. ⓪

In Fantasyfilmen stoßen Drachen Dampf aus. Wie war das bei den Dinos?

☐ Wenn's draußen unter null Grad war. ❶

☐ Manche Sauropoden pumpten Blut unter die Nasenlöcher. Wenn's abgekühlt war, hat's gedampft. ❷

☐ Schnickschnack. Dafür konnten die Dinos Feuer spucken. ⓪

Lauter Dinogebisse! Woran erkennst du das eines Pflanzenfressers?

☐ Spinatreste zwischen den Zähnen. ❶

☐ An der Amalgam-Füllung. Amalgame – das waren doch diese Urzeitkrebse, oder? ⓪

☐ Die Zähne der Pflanzenfresser waren stumpf und „heruntergekaut". ❷

Ick kenn da'n juten Witz von wejen Aussterben.

Sag mal, Mama ...

Kommen Dinos ooch in' Himmel?

Ne, Schatz. In d' Museum kommse rinne.

Ein Tag mit dem Dinojäger

Bei einer Ausgrabung in Afrika hat Tom „Dakota" Tagebuch geführt.

4.30   Sonnenaufgang. Aufstehen und frühstücken. Wie immer gibt's „Dinorührei mit Speck". Unser Koch hat Humor.

5.30   Fahrt ins Fundgebiet. Mein Geländewagen macht komische Geräusche. Sand im Getriebe?

6.00   Hier hat ein Sauropode seinen letzten Schnaufer getan. Gestern ragte die Schwanzwirbelsäule aus dem Boden. Ist es eine neue Art, nenne ich ihn Tommosaurus ;-).

9.00   Die Präparatoren gipsen eine Saurierrippe ein. Bauschaum ist leichter – aber leider alle.

11.00 Ich soll mir die Luftbilder einer neuen Stelle anschauen, aber die Internet-Verbindung bricht zusammen. Später.

12.00 Brütend heiß. Rückfahrt ins Camp.

14.00 Hocke vor dem Zelt und schreibe ins Feldtagebuch. Hier werden alle wichtigen Funde genau eingetragen.

17.00 Große Wäsche, dann Füllen der Petroleumlampen. Hier am Äquator wird es schlagartig dunkel.

18.30 Nach dem Abendessen sitzen alle zusammen. Jemand drückt mir einen wissenschaftlichen Reisebericht in die Hand. Es geht um unsere Gegend.

20.00 Ich lese, bis mir die Augen zufallen. Gute Nacht – bis zum nächsten Dinorührei!

Der Camarasaurus aus Amerika hatte eine Körpertemperatur von 35,7 Grad, der Brachiosaurus aus Tansania sogar 38,2 Grad.

Fieberthermometer besorgen!

Stell dir vor, du fährst mit einem Fahrstuhl in die Vergangenheit.

Das Ende der
Riesenechsen

Bleib lieber in der Kabine. Denn draußen herrscht dicke Luft – tödliche Schwefelwolken überall. Kein Wunder, wenn ein Vulkan nach dem anderen ausbricht. Ein Blick auf die Zeittafel: 64 Millionen Jahre vor unserer Zeitrechnung. Du schaust dich um: keine Spur von Dinosauriern.

Wie konnte das passieren? Viele Forscher glauben, das dicke Ende kam aus dem All. Ein gigantischer Meteorit schlägt vor etwa 65 Millionen Jahren im heutigen Mexiko ein. In den folgenden Jahrtausenden folgen weitere Einschläge. Die Sonne verfinstert sich, die Küsten werden von Tsunamis überrollt, das Klima spielt verrückt. Es wird kälter und kälter. Viele Arten sterben aus, im Meer und an Land.

Haste mal 'n Taschentuch?

Mach dir nix draus. Schließlich haben die Dinos Nachfahren — wie mich!

Potus packt aus

Wurden die Dinos etwa von Riesenflöhen zu Tode gepeinigt? Sind sie deshalb ausgestorben? Wohl kaum. Aber in der Tat gab es Blutsauger, die sich in die dicke Saurierhaut bohrten. Die Dinoflöhe waren über zwei Zentimeter groß.

Am schlimmsten trifft es die Dinosaurier. Schön warm, so haben sie es am liebsten. Doch damit ist es vorbei. Außerdem wächst in kalten Zeiten weniger. Es gibt also weniger zu futtern. Doch die Saurier verschwinden nicht auf einen Schlag. Mindestens eine Million Jahre dauert es. Dann sind die Riesenechsen reif fürs Museum.

Es gibt noch andere Vermutungen: Die Vulkane sind schuld! Gleich massenweise speien sie Feuer und Asche. Trotzdem ist das Leben auf der Erde nicht zu Ende. Die Dinosaurier waren ja nicht allein gewesen. Wer war noch da? Die Fische, die Vögel, die Säugetiere.

Als Warmblüter machten denen Klimaschwankungen nicht so viel aus. Sie hatten besser entwickelte Kiefer und Zähne, konnten damit gründlicher kauen und die Nährstoffe besser verwerten.

Säbelzahntiger

Chalicotherium

Deinotherium

Wenn eine Tiergruppe verschwindet, können andere Arten sich weiterentwickeln. Als die Dinosaurier ausgestorben waren, begann die Zeit der Säugetiere. Einige wurden im Verlauf der nächsten Millionen Jahre gigantisch groß – wie das Mammut. Die Tiere, die du unten siehst, sind wieder ausgestorben.

Sie wuchsen im Mutterleib heran, und das gab den jungen Säugern einen Entwicklungsvorsprung. So wurden die Säugetiere die neuen Stars auf der Bühne des Lebens. So, jetzt aber schnell zurück in die Gegenwart.

Urpferdchen

Glyptodon

Mammut

Wollnashorn

Was uns von den Dinos blieb
Luis befragt Tom „Dakota" Tanner

Luis: Okay, dann sind die Dinos also ausgestorben. Krass!

Tom: Aber manche Tiere von heute sind ihnen ein bisschen ähnlich. Guck dir mal den Sekretärvogel an. Das ist ein afrikanischer Vogel, der nicht fliegen kann und Insekten aufpickt.

Luis: Cool!

Tom: Auch in einem Spatz, einer Taube oder einem Raben kannst du mit Fantasie einen Dino erkennen. Klingt vielleicht verrückt – aber beim Körperbau gibt es Ähnlichkeiten.

Luis: Und die Landsaurier? Haben die auch Verwandte bei uns? Die Krokodile stammen ja wohl aus einer anderen Linie.

Tom: Genau. Hast du schon mal von Komodowaranen gehört? Diese Reptilien leben auf der Insel Komodo und werden bis zu drei Meter lang. Man sollte ihnen besser nicht in die Quere kommen.

Luis: ... weil die Giftzähne haben. Hilfe!

Potus packt aus

Wie viele Saurierarten hat es eigentlich gegeben? Bis zu 6.000, behaupten manche Wissenschaftler. Beweisen können sie es nicht, denn von einigen gibt es keine Spuren. Was man aber sicher weiß: Wir kennen heute etwa 500 Gattungen mit vielen Tausend Arten.

Luis und Tom
sagen Tschüss

Tom: Luis, ich kann dir gar nichts Neues mehr erzählen. Du weißt ja schon alles.

Luis: Nee, du weißt viel mehr! Hat Spaß gemacht mit dir.

Tom: Morgen geht mein Flieger nach Dakota. Da gibt es eine spannende Fundstelle.

Luis: Kann ich mit, Tom „Dakota"? Ich mach auch den Test.

Tom: Schick mir mal deine Auswertung. Vielleicht lass ich dich irgend-wann nachkommen. Ständig unterhalten wir uns hier über Millionen von Jahren – da kommt es auf ein paar mehr oder weniger nicht an.

Luis: Alles klar!

Potus' Museumstipps

Willkommen im Frankfurter
Senckenberg Naturmuseum mit
der größten Dinoausstellung
Deutschlands!

Museum für Naturkunde Berlin:
das größte Dinoskelett der Welt – ein
13,27 Meter großer Brachiosaurus.
www.naturkundemuseum-berlin.de

Museum Auberlehaus Trossingen: am größten Saurierfriedhof
der Trias. *www.museum-auberlehaus.de*

Jura-Museum Eichstätt: *www.jura-museum.de*

Urwelt-Museum Hauff in Holzmaden, hier gibt's Fischsaurier aus
dem Jurameer. *www.urweltmuseum.de*

Senckenberg Naturmuseum Frankfurt: die größte Dinoausstellung Deutschlands. *www.senckenberg.de*

Dinosaurier Park Münchehagen: Viele Aktionen für Kinder:
Werde Dinoranger, berge selbst einen Dino oder besuche die
Dinoentdeckerstunde. *www.dinopark.de*

Wenn du mal im Ausland bist:

Lyme Regis Museum, Dorset, England: auf den Spuren von Mary
Anning. *www.lymeregismuseum.co.uk*

Zeittafel

Ende der Dinosaurier
vor 65 Millionen Jahren

Kreide vor 145 bis
66 Millionen Jahren

T-Rex

Incisivo-
saurus

Jura vor 199 bis
145 Millionen Jahren

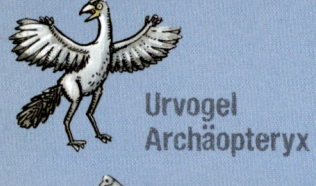

Urvogel
Archäopteryx

Brachio-
saurus

Trias vor 251 bis
200 Millionen Jahren

Herrerasaurus

Plesiosaurus

Auflösungen

Seite 15:
Diese „Schreckensklauen" gehören zu
einem Deinonychus – richtig!
Das Geweih gehört einem Widder – falsch!
Der große Schädel gehört zum Protocera-
tops – richtig!
Die Eier stammen vom Oviraptor – richtig!
Dinos gab es auch in Australien. Aber das ist
ein Bumerang – falsch!
Ein menschliches Gebiss – falsch!

Seite 31:
Fernseher, Konzertflügel, Astronaut,
Mammutschädel, Steinsäule, Staubsauger

Seite 39:
Hast du gemerkt, welcher Sauriername frei
erfunden ist: der Ferrarisaurus. Ein Ferrari ist
ein Auto. Den Dracorex hogwartsia gibt es
wirklich – zu Ehren des Drachens, gegen den
Harry Potter einen Wettkampf bestehen muss.

Seite 56 bis 58: Test
9 bis 14 Punkte: Saurierstark! Bestimmt gehst
du mal mit Tom Tanner Dinos jagen.
5 bis 8 Punkte: Nah dran. Besuch mal ein
Dinomuseum, das könnte dir Spaß machen.
0 bis 4 Punkte: Lies das Buch einfach noch
mal. Wer liest, ist klar im Vorteil!

Volker Präkelt

Lass die Lanze ganz, Lancelot!

Von rüstigen Rittern, lästigen Läusen
und warum die Drachen frei erfunden sind

Mit Illustrationen von Alexander von Knorre

Auf zur Wartburg!

Motte, eine Turmhügelburg

Wasserburg

Felsenburg

Turmburg

Höhenburg

Volker Präkelt hätte im Mittelalter gerne die Fiedel gespielt – wie sein Vornamensvetter Volker von Alzey aus der Nibelungensage. Da der Schreiberling aber heute, und zwar in HamBURG!, lebt, denkt er sich für dich BAFF!-Bücher aus, zum Beispiel „Zicke, zacke, Dinokacke!" oder „Mensch, Mammut!", macht Kinder-Fernsehen und inszeniert Hörspiele.

Alexander von Knorre stammt aus MagdeBURG, lebt jetzt aber mit Frau und Kind in Weimar. Er schwingt kein Schwert, sondern einen Bleistift. Damit kann er alle möglichen merkwürdigen Gestalten zum Leben erwecken. Das Wappen seiner Familie zeigt zwei gekreuzte, knorrige Eichenstämme.

Spucki ist ein kleiner Schwafeldrache und frei erfunden. Er kann kein Feuer spucken, nimmt aber den Mund gern voll. Spucki ist so winzig, dass man ihn im Getümmel leicht übersieht. Trotzdem fühlt er sich als großer Held.

Fidibus, die erfundene Ritter-Ratte, war in vielen Burgen zu Hause. Dort hielt sie sich nicht nur im Vorratskeller auf. Vom Bergfried bis zum Burgverlies kannte Fidibus jeden Winkel. Angeblich verbrachte er einen Teil seiner Knappenzeit unter König Artus' Tafelrunde, wo immer die besten Häppchen abfielen.

Hier siehst du, wo die Ritter wohnten.

In welcher Burg hättest du gerne gelebt?

Inhalt

Warum heißen Ritter Ritter?

Fidibus

Kommt von „Reiten".

Spucki

Klassenfahrt nach Burg Hagenbart

In engen Kurven geht es nach oben, durch einen nebligen Wald. Klassenfahrt nach Burg Hagenbart – mit Programm: Ritterspiele, Museumsführung und Festschmaus ohne Messer und Gabel.

Der Reisebus rumpelt über eine Holzbrücke. Erschrocken starren wir Schüler in den Abgrund. „Keine Angst", sagt Herr Greifenstolz. „Die Brücke hat schon einiges ausgehalten!" – „Woher wissen Sie das denn?", frage ich. „Weil meine Vorfahren hier gelebt haben, Leander!", antwortet unser Lehrer. Dann ruft er: „732 bis 1559."

„827 Jahre lang?" Vanessa hat das blitzschnell ausgerechnet. Herr Greifenstolz lächelt. „Nicht ganz. Aber ungefähr so lange gab es die Ritter. Achtung! Kopf einziehen!" Mies! Wir fallen auch noch drauf rein, als der Bus durch ein großes Tor zockelt. Da – ein mächtiger Turm. Ob es hier ein Burgverlies gibt? Und geheime Gänge? Ich steige aus und stelle mir vor, dass ich eine Rüstung trage. Drei Tage Mittelalter! Wie cool!

Burg Hagenbart

Bei den Ritterspielen durfte ich eine Rüstung anziehen. Und einen echten Helm aufsetzen – mit Visier. Seitdem bin ich ein Fan von allem, was mit Rittern und Mittelalter zu tun hat. Ob ich da gern gelebt hätte? Ich weiß nicht. War ja nicht ganz ungefährlich damals.

Leander

Meine Vorfahren waren Ritter. Ihr Wappentier war der Greif, ein Fabelwesen aus Löwe und Adler. Schon als Junge habe ich mich für das Mittelalter interessiert. Jetzt unterrichte ich in der Schule und helfe bei Ausstellungen in Ritterburgen.

Wolfherr von Greifenstolz

In Deutschland gab's etwa 19 000 Burgen.

Und schrecklich gefährliche Drachen – wie mich.

HAGENBART

Badespaß im Drachenblut

Drachentöter Siegfried sucht den Drachen.
Er ist hungrig und schmutzig.

Ich müsste mal wieder baden.

NEIN! Bitte zieh dich wieder an. BITTE!

Fafnier

Ups, er ist mir wohl ins Schwert gelaufen!

JETZT kannst du baden, Siegfried! Drachenblut macht unverwundbar.

Hilferuf im Schlachtgetümmel

Ritter Roland lebt zur Zeit Karls des Großen. Gerade ist Krieg.

Rolands Ritter geraten in einen fiesen Hinterhalt.

Was willst du mit der Tröte, Roland? Sprich!

Das ist ein SIGNALHORN! Damit kann ich Hilfe holen!

Nun blas schon dein Horn! Vielleicht hört uns König Karl!

Mist. Ich habe seit Jahren keinen Ton mehr rausgekriegt!

Siegfrieds Drache und Rolands Horn

Die großen Sagen des Mittelalters nannte man „Lieder". Waren ihre Stars Superhelden oder Superverlierer?

Das Nibelungenlied

Die Geschichte von Siegfried ist weltbekannt. Der Königssohn hütete den Nibelungenschatz und tötete einen Drachen – der Sage nach mit dem Schwert, wie es sich gehört. Mit einer Tarnkappe machte er sich an Brunhilde ran. Die dachte, er sei Gunther, der Burgunderkönig. Als der Schwindel aufflog, ließ Brunhilde Siegfried um die Ecke bringen. Aber war der nicht unverwundbar? Nicht ganz. Als Siegfried im Drachenblut badete, pappte ein Blatt an seiner Schulter. Diese Stelle war also nicht geschützt. Das wusste sein Mörder, der böse Hagen von Tronje. Das Ende vom Lied: Auch Hagen und König Gunther wurden abgemurkst.

Na gut. Uns Drachen hat er berühmt gemacht!

Meine Wertung!

SUPER HELD

Das Rolandslied

Roland lebte wirklich – im 8. Jahrhundert als Ritter unter König Karl dem Großen. Der regierte halb Europa und hatte sich einen Teil Spaniens unter den Nagel gerissen. Auf dem Rückmarsch wurden Roland und seine Mannen vom Haupteer getrennt und von den Gegnern eingekesselt.

Das Rolandlied berichtet, Roland hätte sein Superhorn einfach nur blasen müssen. Dann wäre Hilfe gekommen. Aber Roland wollte ein Held sein und erst mal kämpfen. Zur Tröte griff er ganz zum Schluss. Es funktionierte: Karl der Große kam zu Hilfe. Aber da waren schon alle mausetot.

Meine Wertung!

SUPER VERLIERER

Tja. Tröten helfen nur, wenn man auch reinbläst. Täräää!

Hellebarde

Sing-Barde

Streitkolben

Rittersporn

Hmm?

Wie heißt nur das richtige Wort?

Wolfherr von Greifenstolz bereitet eine Ausstellung vor. Verflixt!
Irgendjemand hat neue Schilder geschrieben. Auf einmal hat jeder
Gegenstand zwei Namen. Hmm … vielleicht weißt du,
welches Wort in die Ritterwelt passt.

Knappe

Ritterling

Schwertleite

Verleihschwert

Raubvogel   Raubritter

Tjost

Toast

Schwafelrunde

Tafelrunde

So war das bei den Rittern
Leander befragt seinen Lehrer Wolfherr von Greifenstolz

Leander: Wolf! Herr! Greif! Und Stolz.
Ganz schön viel drin in Ihrem Namen.

Wolfherr: Ja, die alten Ritter gingen verschwenderisch mit den Silben um. Mein Lieblingsname aus dieser Zeit ist übrigens „Eberhard von Katzenelnbogen".

Leander: Katzen – ellen – bogen? Gab es den wirklich?

Wolfherr: Ja! Er beriet drei Könige und zerstörte 70 Raubritterburgen. Übrigens, auf Burg Hagenbart darfst du ruhig Ritter Wolfherr zu mir sagen. Und jetzt schieß los mit deinen Fragen.

Leander: Okay, Ritter ... Wolfherr. Hat der Drachentöter Siegfried gelebt oder ist er erfunden? Ich meine, was ist dran am berühmten Nibelungenlied?

Wolfherr: Das ganze Werk wurde wohl um 1200 verfasst. Ich denke, das Vorbild für Siegfried ist der Germanenfürst Hermann, der kurz nach Christi Geburt die Römer besiegte.

Leander: Den kenn ich – vom Hermannsdenkmal in Westfalen.

Wolfherr: Hinter Gunther steckt vermutlich Burgunderkönig Gundaharius. Der verließ – wie im Nibelungenlied – sein Reich. Ein Fehler! Fernab seiner Burg wurde er vernichtend geschlagen. Das geschah vor der eigentlichen Ritterzeit, im 5. Jahrhundert nach Christus.

Leander: Die Ritter kamen also erst später. Und trotzdem gilt das Nibelungenlied als Rittersage?

Wolfherr: Weil der unbekannte Verfasser die alten Geschichten glaubwürdig ins Hochmittelalter mit den vielen Burgen übertragen hat.

Fidibus faselt

Selbst der deutsche Kaiser Friedrich III. glaubte die Heldengeschichte. Er ließ seine Leute im 15. Jahrhundert nach dem Grab des Drachentöters Siegfried suchen.

Natürlich vergebens.

Hier ruht in Frieden SIEGFRIED

Leander: Hatte denn jeder Ritter eine Burg?

Wolfherr: Zunächst einmal protzten die mächtigen Herrscher mit möglichst vielen Burgen. Wenn sie unterwegs waren, wollten sie nicht irgendwo übernachten. So entstand eine Burg nach der anderen.
Was die Ritter angeht – nicht jeder bewohnte eine eigene Burg.
Schon gar nicht die ersten Ritter.

Leander: Jetzt kommt die Millionenfrage. Tätäää! Wer hat eigentlich die Ritter erfunden?

Wolfherr: In einem Quiz würde jetzt der Name Karl Martell fallen. Er kämpfte für den fränkischen König und verstärkte sein Heer mit gepanzerten Reitern. Abgeschaut hatte er sich das von nordafrikanischen Völkern wie den Mauren, die im 8. Jahrhundert Europa angriffen.

Leander: Wären Sie denn gern ein gepanzerter Reiter gewesen, Ritter Wolfherr?

Wolfherr: In eine Schlacht wäre ich nicht so gern geraten. Außerdem gab es im Mittelalter noch andere Gefahren wie Hungersnot und Seuchen, die ganz Europa heimsuchten. Und ungerechte Fürsten – die waren schlimm wie die Pest!

Spucki spuckt's aus

Fränkische Panzerreiter bekämpften erfolgreich die Mauren. Ausrüstung und Streitross hatten damals einen Gegenwert einer ganzen Rinderherde. Eine komplette Armee war also sehr teuer.

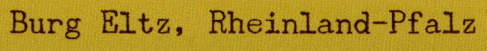
Burg Eltz, Rheinland-Pfalz

Burg Prunn, Bayern

Da zieh ich doch glatt ein!

Carcassonne, Frankreich

Burg Chillon, Schweiz

Berühmte Burgen in Europa

Wenn die Panzerreiter kommen

„Nur eine Frage der Zeit, bis uns die Wilden aus dem Norden überfallen!" Die Männer im Dorf sind nervös. Ich schleiche mich dazu, als sie sich beraten. „Ihre Boote sind schnell. Erst plündern sie die Küstenstädte, dann sind wir dran!" Am Flussufer sind Wachen aufgestellt. Auch nachts. Ich will dabei sein. „Warum nicht?", knurrt der Schmied, dem ich manchmal zur Hand gehe. Unter der großen Trauerweide kämpfen wir gegen die Müdigkeit und schlafen schließlich beide ein.

KUWITT! Vom Schrei eines Käuzchens werden wir wach. Im Mondlicht tanzen Punkte auf den Wellen wie die Köpfe von Seeschlangen. Zwei Drachenboote nähern sich. Als sie knirschend auf den Kiesstrand gleiten, nickt Meister Gerald mir zu. Alles läuft nach Plan – oder? FEUER! Die Wikinger stürmen den Hügel und setzen die hölzerne Festung in Brand. Dann die Häuser. Aber die sind leer. Seit gestern haben Mann und Maus, Jung und Alt ihr Lager hinter dem Nachbarhügel aufgeschlagen – dort, wo die neue Burg aus Stein entstehen soll.

Kunstvoll geschnitzt!
Der Drachenkopf eines Wikingerschiffs

KRACKS! Krachend fällt der Holzturm in sich zusammen. Das Kriegs-
geschrei lässt mich erschaudern. Meister Gerald legt seinen schmutzi-
gen Zeigefinger auf die Lippen. Jeden Moment müssen die Panzerreiter eintreffen, sagen seine Augen. Doch ich sehe auch Angst.

Das Johlen der Feinde lässt nach. Jetzt haben sie gemerkt, dass sie
leere Gebäude abgefackelt haben. Gleich werden sie alles auf den
Kopf stellen, auf der Suche nach Beute oder Geiseln. Die werden sich
wundern! Wir haben vorgesorgt. Doch wo bleiben unsere Retter?
Endlich das erlösende Hufgetrappel. Verblüfft starren die Wikinger
auf die gepanzerten Reiter.

BRRR! Die schweren Pferde pusten Dampfwolken in die Nacht. Zwei
Reiter bringen ihre Lanzen in Stellung, die anderen ziehen klirrend ihre
Langschwerter. Mit ihren Helmen sehen sie furchterregend aus.
Als einer seinen Streitkolben kreisen lässt, machen
die Wikinger kehrt und laufen auf ihre Boote zu.
Solche Gegner haben sie nicht erwartet.

Meister Gerald grinst zufrieden. Schließlich hatte er die Idee: Während die Wikinger siegestrunken die Festung abfackelten, haben wir große Löcher in ihre Drachenboote geschlagen – mit unseren Streitäxten. Weit werden sie nicht kommen.

Bis zum Morgen hocken wir am Feuer. Ein Panzerreiter stammt aus unserem Dorf. „Darf ich auch ein Ritter werden, mein Herr?", frage ich ihn. „Ein bisschen spät, mein Junge", antwortet er freundlich. „Die Ausbildung beginnt mit sieben. Aber in der neuen Burg könnte ich einen gebrauchen, der gute Steigbügel macht. Du kannst deinen Meister, den Schmied, ja mal fragen." Ja, das will ich gern.

Feuer kann ich nicht.
Aber löschen!
SPUCK!

Fidibus faselt

In den alten Büchern der Stadt Xanten habe ich eine Notiz gefunden: Im Jahre 864 kamen die Wikinger, „überall die Kirchen zerstörend, das Bett des Rheinflusses hoch und plünderten den so berühmten Ort". Fast alles rissen sie sich unter den Nagel. Zum Glück konnten viele Menschen entkommen.

Eine Gesellschaft mit König
Leander befragt seinen Lehrer

Leander: Coole Geschichte mit den Panzerreitern! Da haben die Leute aus dem Dorf aber Glück gehabt.

Wolfherr: Die Ritter waren verpflichtet, ihnen zu helfen. Die Gesellschaft funktionierte im Mittelalter wie eine Pyramide – eine Lehenspyramide. Lehen bedeutet das Recht an Grund und Boden. Der Herrscher des Landes, nennen wir ihn mal wie dich – König Leander den Klugen, der hat das meiste davon. Einiges gebt Ihr den hohen Geistlichen.

Leander: Echt? Und was bringt mir das?

Wolfherr: Oh, beim Papst in Rom wird man dann sicher gut von Euch sprechen. Schließlich wollt Ihr doch „Römischer Kaiser deutscher Nation" werden und über halb Europa herrschen. Die Krone bekommt Ihr nun mal vom Papst. Natürlich könnt Ihr als großer Kaiser nicht überall sein – wie ein Staatsoberhaupt heute. Also braucht Ihr Fürsten, auf die Ihr Euch verlassen könnt. Die müssen Euch im Krieg mit Rittern unterstützen. Dafür gebt Ihr ihnen als Lehnsherr – na, was wohl?

Leander: Grund und Boden. Bekomme ich wenigstens Steuern dafür?

Wolfherr: Gute Idee! Nicht umsonst heißt Ihr König Leander der Kluge. Aber bleiben wir beim Fürsten Sowieso. Der muss Euch im Kriegsfall seine Ritter stellen. Sagen wir mal, 100. Hoch gerüstete Profi-Krieger, die verdammt viel Geld kosten. Also vergibt Fürst Sowieso wiederum kleinere Lehen an seine Gefolgsleute, die Vasallen. Manche von denen sind von Geburt adelig, andere können sich das durch Kriegsdienste erwerben.

Leander: Ritter sind also so etwas wie Profi-Krieger. Und wie kommt Ihr an Eure Rüstung und Eure Pferde, Ritter Wolfherr?

Wolfherr: Ich lebe von dem, was ein ganzes Bauerndorf erwirtschaftet. Davon baue ich mir sogar noch eine Burg. Die Bauern helfen beim Steineschleppen. Wenn sie nicht zahlen können, müssen sie in den Krieg ziehen. Ohne Sold! Oder sie werden zu Leibeigenen, zu Sklaven.

Leander: Das ist aber alles andere als ritterlich, Ritter Wolfherr!

Wolfherr: Ihr seid auch nicht besser, König Leander! Auch Euren Untertanen geht es ganz schön mies.

Leander: Die Gesellschaftsordnung im Mittelalter war sehr ungerecht.

Wolfherr: Stimmt. In den unteren Schichten ging es vielleicht den Handwerkern noch so einigermaßen. Wenn sie gut waren, genossen sie hohes Ansehen.

„Eine Lanze brechen" oder „keinen Stich bekommen" — Redewendungen wie diese stammen aus dem Mittelalter. Oder „der führt etwas im Schilde". Der Schild mit dem Wappen eines Ritters verriet, wer in der Rüstung steckte. Verstanden? Dann ist ja „alles in Butter!". In Fässern mit geschmolzener Butter transportierte man zerbrechliches Geschirr.

Leander: Und die ritterlichen Tugenden? Wollten Sie nicht dafür eine Lanze brechen?

Wolfherr: Aber gerne doch. Die wichtigsten waren Treue, Höflichkeit, Würde und Tapferkeit. Einige hielten sich sogar daran. Es gab eben gute Ritter und schlechte Ritter. Die schlechten hintergingen ihren Herrn, knechteten das Volk und wurden im schlimmsten Fall zu gefürchteten Raubrittern.

Du hast es gut. Ich armer Bauer muss das letzte Hemd abgeben!

Wird es im Jenseits besser, Hochwürden?

Du musst nur daran glauben, Leibeigener!

Die unglaubliche Geschichte des Knappen Kuno

Erst wird man Page. Dann Knappe. Dann Ritter.
Und wenn ein Mädchen Ritter werden will?

Auf der Burg des Fürsten sollen die Jungen zum Ritter werden.

Sei ein guter Knappe! Und höflich zum Fürsten!

Wo steckt eigentlich Kunigunde?

Ruhig, Albrecht!

Das sind doch – fünf! Sie wird doch wohl nicht …

Lass sie ziehen. Sie kommt schon wieder.

Du hast sie ja nicht alle, Kunigunde! Kehr um!

Ich heiße KUNO!

Die neue Burg ist weit weg. Und Kunigunde verkleidet sich geschickt.

Aus dir wird mal ein guter Ritter, Kuno!

Eines Tages fliegt das mal auf …

Der Tag kommt. Die Knappen stehen kurz vor dem Ritterschlag.

Morgen ist der Tag. Zuerst werdet ihr von euren Sünden reingewaschen, mit einem Bad … dann geht es zur Kirche …

Baden? Oh nein!

Da bleibt nur die Flucht.

Viel Glück, Kunigunde!

Ich heiße ... ach, was soll's. Mach's gut, Bruder.

Keiner kann Kunigunde helfen. Weder der Drache ...

... noch der Zauberer.

Ein Mädchen zum Ritter machen? Das kriege selbst ich nicht hin.

Kunigunde ist wütend. Am liebsten möchte sie jetzt kämpfen. Da ist ja ein Ritter!

Wie ein Junge Ritter wird

Zeitreise! Leander befragt Ritter Hagen und seine Gemahlin Gunhild

Leander: Nett, dass Sie mich empfangen, Herr Ritter und Frau Ritter. Hat Ihnen die Geschichte von Kunigunde gefallen?

Hagen: Hm! Eine Frau als Ritter? Unwahrscheinlich. Oder, Liebes?

Gunhild: Denk an Johanna von Orleans! Sie hat die Franzosen in die Schlacht gegen die Engländer geführt. Leider wurde sie verraten. Von Männern.

Leander: Ich sehe hier einige Kinder. Wer wird denn später Ritter?

Coole Zeitmaschine! Selbst gebaut.

Das Denkmal der Johanna von Orleans in Frankreich

Hagen: Mit sieben ist Gunther im richtigen Alter. Er lernt Bogen- schießen, Reiten und Schwimmen. Wir schicken ihn schon jetzt zum Fürsten, als Page. Da muss er auch Ställe ausmisten und bei Tisch bedienen. Mit 14 wird er Knappe. Dann lernt er den Umgang mit Lanze und Schwert.

Leander: Könnte auch ein Nichtadeliger wie ich Ritter werden?

Hagen: Meistens durchlaufen Edelknaben die Ausbildung. Aber nicht jeder wird Knappe. Ritter sind wählerisch – im Kampf kann ihr Leben von einem Knappen abhängen. Mutige Knappen werden schon auf dem Schlachtfeld zum Ritter geschlagen. Auch Nichtadelige!

Gunhild: Gutes Benehmen ist wichtig. Ein Knappe zu Pferd muss absitzen, wenn er einer Dame begegnet. Oh – entschuldigt mich. Heute ist Badetag und ich hoffe, der kleine Giselher will nicht wieder in der Rüstung planschen. Kommen Sie ruhig wieder, junger Mann. Dann zeige ich Ihnen die Burg.

Kann mir mal jemand helfen?

Leander: Gern! Dann eine Frage an den Burgherrn. Wie ist das eigentlich, wenn Sie in einen Krieg ziehen müssen?

Hagen: Meine Gattin kümmert sich um alles – Geld, Vorräte, die Bediensteten, den Unterricht der Kinder. Wenn ich fragen darf, junger Mann – wie ist das bei Ihnen?

Leander: Oh. Meine Mutter arbeitet in einem Büro, mein Vater hat gerade ein Babyjahr genommen und kümmert sich um den Haushalt und meine kleine Schwester.

Hagen: Was Sie nicht sagen! So, ich muss mich um den Kreuzzug kümmern. Es geht nach Jerusalem. Das ist ja nicht gerade um die Ecke. Kann schon ein paar Jahre dauern, bis man zurück ist.

Leander: Oh! In dieser Zeit ist Gunther sicher schon ein Ritter. Wie war das, als Sie zum Ritter wurden?

Hagen: Den Moment vergesse ich nie. Ich trug ein rotes Gewand, einen weißen Gürtel und schwarze Strümpfe – als Mahnung an den Tod, der den Ritter überall ereilen kann. Dann erhielt ich die Waffen und ein Ritter berührte mich mit einer Schwertklinge. Darum heißt die Ernennung auch Schwertleite.

Leander: Ja, dann vielen Dank, Herr Ritter. Und Hals- und Beinbruch. Ich meine, gute Reise.

Fidibus faselt

Die schlimmsten Feinde in einer Burg waren Läuse und Wanzen. Damit das Ungeziefer nicht von oben in die Kissen fiel, waren die herrschaftlichen Betten überdacht mit einem Baldachin.

Ein Spion am Artushof

Der alte König ist tot! Wer wird sein Nachfolger? Die Fürsten streiten heftig. Da bestellt sie Merlin, der berühmte Magier, in einen Wald. Mondlicht fällt auf ein Schwert, das in einem Stein steckt. „Streitet euch nicht! Messt eure Kräfte an Excalibur", sagt Merlin. So heißt das magische Schwert! „Wer es herauszieht, wird herrschen."

Keiner schafft es. Selbst der gefürchtete Schwarze Ritter nicht. „Artus soll es probieren!", befiehlt Merlin. Artus? Neugierig strecke ich meinen Kopf aus Merlins Ärmel. Artus ist von edlem Blut und wie ich bei Merlin groß geworden. Aber er ist erst 15. Ein Kind als König? Tatsächlich, Artus schafft es.

Merlin will den jungen König im Auge behalten und macht mich zum Spion am Königshof. Es folgen leckere Jahre – mit gebratenem Rebhuhn, geräuchertem Fisch, gebackenen Kartoffeln und mit Speck umwickelten Bohnen.

Fidibus spinnt! Eines der Lebensmittel gab's garantiert noch nicht in Europas Küchen. Kriegst du das raus?

Lösung auf Seite 62

Artus versammelt die tapfersten Ritter des Landes an einem Tisch. Der ist rund, weil er keinen bevorzugen will – weder den klugen Parzival noch den stolzen Lancelot. Meist hocke ich hinter einem Tischbein und lausche. Es geht um den Papst, Politik und … Frauen! Artus ist in die schöne Guinevere verliebt. Das ist was anderes als mittelalterliche Minne. Da schmachten die Ritter die Frauen ja nur an.

Bald wird Hochzeit gefeiert. Mordred, der Neffe des Königs, bleibt am Hof. Dem traue ich nicht. An Guineveres Geburtstag sehe ich, wie sie einen langen Blick mit Lancelot tauscht. Nachts kreischt jemand: „Der Schwarze Ritter hat die Königin entführt!" Lancelot will sie retten. Ausgerechnet er!

Als ich Merlin alles erzähle, sieht er in seiner Kristallkugel das Unheil kommen: Lancelot wird Artus betrügen, der schleimige Neffe Mordred dem König alles verraten.

Ulrich von Liechtenstein – so malten die Menschen im Mittelalter ihre Minnesänger.

Fidibus faselt

Das mittelalterliche Wort „Minne" bedeutet „Liebe". Es gab Minnesänger wie Ulrich von Liechtenstein. Der schmachtete adelige Damen mit gereimten Versen an. Dabei ging es nur um die Verehrung, nicht ums Heiraten.

Merlin flucht, als seine Eule Harpyie eine weitere Botschaft bringt. Der betrogene Artus hat seine Burg verlassen. Er will nachdenken. Die Macht hat er Mordred übertragen. Ausgerechnet dem!

Merlin schickt mich zurück. Ich beziehe Stellung unter dem Tisch der Tafelrunde. Mit düsterer Stimme spricht Mordred zu den Rittern: „Artus ist tot." Dabei kreuzt er die Finger unter dem Tisch, der Lügner! „Ich erkläre mich zum Nachfolger", ruft er, „und nehme die Königin zur Frau – AU!" Ja, das sind meine Zähne, du Schuft. Mit Harpyie fliege ich los, um Artus zu suchen. Ich berichte ihm alles und er sattelt sein Pferd.

Wir kommen im Kampfgetümmel an: Tafelritter gegen Mordreds Leibgarde. Artus stellt den Verräter und besiegt ihn mit Excalibur. Nur ich muss meine Sachen packen. Befehl von Merlin. Die Sache mit dem Biss – ein magischer Tierhelfer darf sich doch nicht einmischen. Aber was hätte ich tun sollen?

Wen gab es wirklich?

Der berühmte Artus ist eine Sagengestalt. Fidibus kommt in der Sage nicht vor, denn er wurde für BAFF! erfunden. Wer hat wirklich gelebt? Die Auflösung findest du auf Seite 62.

Till Eulenspiegel

Hildegard von Bingen

Robin Hood

Ohne Trittleiter kein Turnier
Leander befragt seinen Lehrer

Wolfherr: Die Artussage stammt aus dem 12. Jahrhundert und wurde schon oft verfilmt. Die bekannteste Rittersage der Welt, ohne Frage.

Leander: Äh – stelle ich hier nicht die Fragen? In Ritterfilmen tragen die Ritter meist schwere Rüstungen. War das zu allen Zeiten so?

Helm

Visier

Harnisch-Schulter

Brustpanzer

Bauchreifen

Beintasche

Kniebuckel

Beinröhre

Sporen

Schuh

Wolfherr: Nein, da haben die Regisseure manchmal übertrieben. Immerhin trugen die ersten Ritter schon Kettenhemden aus Eisenringen. Aber Rüstungen mit gepanzertem Harnisch und Eisenhosen gab es erst im Hochmittelalter.

Auf zu den Ritterspielen! Die finden heute noch statt.

Fidibus faselt

Einen TOAST auf den Gewinner? Schnickschnack, ein mittelalterliches Lanzenduell nannte man TJOST. Es ging darum, seinen Gegner aus dem Sattel zu hebeln. Die Tjost war der Höhepunkt jedes Turniers. Das Wort kommt übrigens vom altertümlichen „tournieren". So nannte man es, wenn die Ritter mit ihren aufgebrezelten Gäulen am Ende der Kampfbahn wendeten.

Leander: Blechdosen auf zwei Beinen! Kamen die überhaupt aufs Pferd?

Wolfherr: Das war wohl nicht so einfach. Aber Experimente zeigen, dass die Ritter das ohne technische Hilfe wie einen Kran oder Flaschenzug schafften. Bei Turnieren halfen die Knappen und eine Trittleiter. Und viele Pferde waren damals auch kleiner als heute.

Spucki spuckt's aus

Jeder Ritter führte ein Wappen, das sich deuten ließ. Die Farbe Rot bedeutete Mut, ein Turm stand für Sieg und der Löwe für Großherzigkeit. Versuch doch mal, dein Familienwappen zu zeichnen! Wenn du Müller oder Waffenschmied heißt, ist das ja ein Klacks. Heißt du Fußpilz oder Hasenohr – lass es besser bleiben.

Leander: Die prunkvollsten Rüstungen findet man ja auf Bildern von Turnieren.

Wolfherr: Besonders im Spätmittelalter. Da gaben die „Plattner" – so hießen die Macher der schweren Plattenrüstungen – noch einmal alles. So ein Anzug aus Metall wog ungefähr 35 Kilogramm. Manch einer starb nicht durch die Lanze des Gegners, sondern durch einen Hitzschlag. Da halfen auch die Belüftungsschlitze der Visiere nicht viel.

Leander: Turniere wurden immer mal wieder verboten, oder?

Wolfherr: Ja. Die katholische Kirche und der Papst ärgerten sich im 11. Jahrhundert ziemlich über die Ritter. Ständig zettelten sie Streit an und die Bevölkerung musste darunter leiden. Stattdessen könnten sie doch mal etwas Sinnvolles tun, schlugen hohe Geistliche vor. Zum Beispiel die Heilige Stadt Jerusalem von den Ungläubigen befreien. So begann das bitterste Kapitel der Ritterzeit. Als die Ritter im ersten Kreuzzug Jerusalem erreicht hatten, zeigten sie sich in höchstem Maße unchristlich. Sie richteten ein Blutbad unter der Bevölkerung an. Jetzt lass uns lieber wieder über was Schöneres reden.

Fidibus faselt

Hoffentlich musste dieser erfundene Dackel kein Bein heben. Wenn ein Ritter mal Pipi musste, benutzte er eine Scharnierklappe.

Flitzkacke
im Latrinenschacht

Treffpunkt am Fallgitter! „Hallo, Leander!", begrüßt mich der Verwalter und führt mich in den Burghof. Die Ställe an der Innenseite der hohen Ringmauer fallen mir gleich auf, auch der gewaltige Turm. Das muss der Bergfried sein. Da verstecken sich die Bewohner, wenn die Burg angegriffen wird.

Frau Gunhild erwartet mich im Rittersaal, wo die Feste gefeiert werden. Jetzt aber sind nur wir da. Stolz zeigt Frau Gunhild an die Balkendecke. „Unser neuer Radleuchter! Fünf Meter im Durchmesser! Dutzende von Kerzen passen darauf!" Ich erfahre, dass es im Saal an Licht und Wärme fehlt. Glasscheiben können sich nur die wenigsten leisten. Im Winter sind die Fensterschlitze mit Holzläden verrammelt.

Schau mal in den
Rittersaal von
Burg Rabenstein!

Der Kamin ist riesig, aber funktioniert wohl nicht so toll. Vielleicht liegt es ja daran, dass die Ritter immer reinpinkeln. Habe ich gehört.

„Fast 80 Menschen leben auf Burg Hagenbart", sagt Frau Gunhild. „Wachmänner und Handwerker, Mägde und Köche, Knechte und Knappen, Stallmeister und Mundschenk, der Verwalter und ein Geistlicher, der Gottesdienste in der Burgkapelle abhält."

Ich vermisse Bänke und Tische und erfahre, dass die nur zu den Mahlzeiten aufgestellt werden. Wenn es Frau Gunhild am späten Abend zu laut wird, zieht sie sich in eine Kemenate zurück, ein Schlafgemach mit Kamin. Befreundete Ritter übernachten in einem Schlafsaal über dem Rittersaal.

„Hoppla!" Kreischend rennt mir der kleine Giselher vor die Füße. Die Kinder spielen Verstecken. Bälle, Kreisel, Steckenpferde und Brettspiele haben sie auch. Jetzt geht es in die Küche. In einem großen Topf blubbert Grützbrei und ein Ochse dreht sich am Spieß. Vielleicht liegt es an der Ziegenmilch, von der ich einen Schluck probiert habe. Aber plötzlich muss ich – na, du weißt schon. Eine steile Treppe hinauf und dann in eine zugige Kammer. In der hölzernen Sitzbank gähnt ein Loch. Ein Blick nach unten und ich beschließe, ein bisschen auszuhalten.

Außerdem hat mir der Verwalter erzählt, dass die Kloerker bei Belagerungen gerne unter Beschuss genommen werden. Und dass irgendeiner die Arschkarte gezogen hat und die Grube leeren muss. Hoffentlich kommt dann keine Flitzkacke von oben!

Ein Badezimmer gibt es nicht. An Wasser wird gespart, genauso wie an Holz zum Heizen. Nur die Ritterfamilie und ihre Gäste dürfen ins Badehaus. Die anderen müssen zum kalten Fluss. Oder im Winter in den Schnee. „Schreib was Nettes über uns", sagt Frau Gunhild beim Abschied. „Heute Abend ist ein Fest. Mit einem Minnesänger, der Frühling und Sommer herbeisingen kann!"

Spucki — das will doch keiner wissen!

Spucki spuckt's aus

Bei Belagerungen wurden die Kloerker, auch Latrinen genannt, besonders bewacht. Dort konnten sich Feinde einschleichen. Vielleicht überraschte man den Burgherrn, der sich gerade mit trockenem Moos oder mit Tüchern an einem Stöckchen den Hintern ...

Rüstung mit geringem Blechschaden abzugeben

Ende des Mittelalters wurde der Buchdruck erfunden. So könnten erste Kleinanzeigen ausgesehen haben.

Benimm dich, Ritter!

Ein Ratgeber
von Eppelein Kleinochs

Lerne gutes Benehmen mit
den Rittern der Tafelrunde

Beherrsche die Kniffe des höfischen Anstands

Ein Beispiel:
„Gut, morgen darfst du wieder mit der Königin ausreiten,
Lancelot", näselt König Artus. „Aber hör endlich auf,
in meine Suppe zu spucken! Und nimm den Löffel aus meiner Nase!"

Was hat Lancelot falsch gemacht?

Eins-a-Plattenrüstung aus dem Hundertjährigen Krieg

• Echtes Sammlerstück aus Burgauflösung!
• Kleiner Schaden aus der Schlacht bei Castillon lässt sich leicht ausbeulen!
• Prunkharnisch, z.T. vergoldet, mit neuartiger Achsel-manschette!

Bei Sofortzahlung Pflegegarnitur „Glitzerglanz" gratis!

Erfahrener Waffenmeister
möchte sich beruflich verändern

Spezialität:
Waffen der S-Klasse wie Schwerter, Streitäxte, Streitkolben. Hellebarden und Lanzen mit Namensprägung – nichts für arme Ritter!

Angebote bitte an:
Wibold Sensenheuser, Burghausen.
Chefs mit erfahrenem Kampfpersonal bevorzugt.

PS: Aufträge für Morgenstern und Armbrust werden abgelehnt – das ist nichts für echte Ritter!

Streitkolben

Was der König isst, mit seinen Fürsten, bringt der Burgfried Max an Würsten!

Gastro-Agentur Burgfried richtet auch Ihre Feier aus!
Auf Wunsch Minnesänger, Bärentänzer, Zauberer, Jongleure, Burggespenster und Spielmänner – alles, was Jung und Alt erfreut.

Überraschungsbuffet wie Fisch mit süßen Pfannkuchen auf besonderen Wunsch.

PRIMA!

Burgfried Max

Spucki spuckt's aus

Hmm. Ausgerechnet ich soll erklären, warum Drachen frei erfunden sind. Vermutlich weil die Menschen nicht richtig hingucken konnten. Aus Walen machten sie Seeungeheuer. Sie fürchteten sich vor wilden Höhlentieren und schmückten ihre Geschichten reich aus. Im Laufe der Zeit wurden die Fabeltiere immer größer und gefährlicher!

Wie ärgerlich! Seit Wochen schon wird deine Festung belagert. Die Angreifer wollen und wollen nicht weichen und langsam gehen die Vorräte im Burgkeller zu Ende. Wenn jetzt auch noch die Brunnen vergiftet werden, bist du der Verlierer. Nur keine Angst – halte durch, edler Verteidiger. Denn jetzt gibt es einen tollen Trick:

Flugdrache Schrecksi

Leicht aufzublasen! Günstig in der Haltung! Ab sofort im Fachhandel! „Schrecksi" versetzt den Feind in Angst und Schrecken. Und erfreut die Kinder in Friedenszeiten.

Eine schweinische Belagerung

Nordengland. Burgherr Sir Henry Pimbrock wird vom gefürchteten Piggy Darkford angegriffen. Beide ahnen nicht, dass sie etwas gemeinsam haben.

Verehrte Eleonore,
keine friedlichen Zeiten für Burg Pimbrock. Belagerer haben die Burg umzingelt und Zelte errichtet. Keine Ahnung, warum sie uns angreifen. Unsere Vorräte werden wohl für einige Monate reichen. Die Tore sind versperrt, der Brunnen ist sicher und meine Männer sind tapfere Kämpfer. Unsere Burg wird niemals eingenommen – schon gar nicht von Piggy Darkford und seiner Saubande. Der mit seinem Schwein im Wappen!

Es grüßt Euch Euer ergebener Henry

Werte Elly,

warum wir Burg Pimbrock einnehmen sollen, weiß kein Mensch.
Wohl ein Befehl des Königs! Der Auftrag wird ausgeführt – mit den
übelsten Tricks. Ich weiß, du magst das nicht: Brunnen vergiften und
Personal bestechen, damit es alle Geheimgänge verrät. Aber so ist
das. Hoffentlich gehen uns in dieser bitterarmen Gegend nicht die
Vorräte aus. Steine für die großen Wurfmaschinen liegen auch nicht
einfach so rum.

Ich denke stets an Euch, Euer Piggy

Verehrte Eleonore,

vier Monate dauert die Belagerung schon. Die Dorfbewohner, die in der Burg Schutz fanden, mussten wir wegschicken, weil das Essen nicht reicht. Zum Glück ließen die Belagerer sie durch. Piggy Darkford hat den halben Wald abgeholzt und einen Angriffsturm auf Rädern gebaut. Ha, wie der brennt! Schlechte Nachrichten von meinen Spähern: Unsere Gegner wollen diese neuartigen Kanonen einsetzen. Gott schütze uns!

Es grüßt Euch Euer ergebener Henry

Fidibus faselt

Bei manch einer Belagerung gruben die Angreifer einen Geheimgang unter der Mauer durch. Wehe, wenn die Verteidiger das spitzbekamen und einen Gang von der anderen Seite schaufelten. Dann kämpften beide Gruppen unter der Erde Mann gegen Mann.

Werte Elly,

leider konnte ich mit dem Rammbock das Tor nicht durchstoßen. Dahinter liegt eine Fallgrube – hat mir ein Burgbewohner verraten. Morgen treffen die Kanonen ein. Hoffentlich können meine Leute die bedienen. Es hat schon schlimme Unfälle gegeben. Die Tage von Burg Pimbrock sind gezählt. Ein paar Profis schaufeln einen Gang unter der Mauer durch. Wenn wir in der Vorburg sind, haben wir gewonnen.

Ich freue mich auf unser Wiedersehen, Euer Piggy

Hast du's gemerkt? Henry und Piggy verehren dieselbe Dame. Eleonore forderte ein Ende der Belagerung und die Streithähne gehorchten ihr.

Waffen, Widder, Wurfmaschinen
Leander befragt seinen Lehrer

Leander: In den meisten Ritterfilmen werden die Burgen gestürmt. War das in Wirklichkeit auch so?

Wolfherr: Eher umgekehrt. An Felsenburgen bissen sich Angreifer die Zähne aus. Da halfen auch keine Wurfgeschosse! Manchmal mussten die Belagerer tierisch hungern, wenn Ställe und Felder ringsherum nichts mehr hergaben. Ohne Essen ist das Hantieren mit schweren Angriffstürmen und Rammböcken noch mühsamer – besonders wenn man dabei von den Burgzinnen mit Pfeilen oder Steinen aus Katapulten beschossen wird.

Leander: Ich kann mir gar nicht vorstellen, wie so ein Katapult funktionierte – ohne Motor.

Wolfherr: Mithilfe von elastischen Seilen oder mithilfe der Hebelkraft. Die wichtigste Erfindung kam aus China und wurde in Europa weiterentwickelt – das sogenannte Trebuchet. Ein bewegliches Gegengewicht sorgte dafür, dass schwere Wurfgeschosse sehr weit flogen.

Einfach riesig und nachgebaut!
Ein Katapult in Frankreich

Leander: Was heißt denn „sehr weit"?

Wolfherr: Ein paar Wissenschaftler haben das mal ausprobiert. Der Nachbau eines Trebuchets schleuderte einen Kleinwagen 80 Meter weit! Das Gegengewicht wog 30 Tonnen. Manchmal schmissen die Angreifer auch kübelweise Kot in eine Burg – das stank echt zum Himmel!

Leander: Und wenn es zum Kampf Mann gegen Mann kam?

Wolfherr: Dann gewann vermutlich die Seite, die in der Übermacht war. Ich denke, Belagerer und Verteidiger waren geschulte Kämpfer, die mit Schwertern, Streitäxten, Streitkolben und Morgensternen umgehen konnten. Der Morgenstern war eine furchtbare Waffe: ein Stab mit einer Keule aus Klingen und Dornen.

Streitkolben

Schwert

Morgenstern

Streitaxt

Spucki spuckt's aus

Waren die Belagerer etwa Tierfreunde? Für ihre Angriffsmaschinen verwendeten sie nämlich gern Tiernamen. Ein „Widder" war eine bewegliche Holzhütte, in deren Schutz man Tore stürmte. Der „Kater" war eine lange Holzhütte mit ähnlichem Zweck. Hinter einem „Mäuschen" suchten Krieger Schutz, die näher an die Burg heranrückten.

Leander: Ich habe mich schon oft gefragt, warum die Heere die Burgen nicht einfach links liegen ließen und stattdessen Städte und Dörfer eroberten.

Wolfherr: Das ist tatsächlich hin und wieder passiert. Dann mussten die Burgkrieger ausrücken und den Stadtbewohnern helfen. Wenn die Städte hohe Mauern hatten, setzten die Angreifer Bergleute ein. Die legten unterirdische Gänge an und setzten die hölzernen Stützpfeiler in Brand, wenn sie sich unter der Mauer befanden.

Leander: Belagerungen haben manchmal ja ganz schön lange gedauert.

Wolfherr: Die Belagerung von Chateau-Gillard in Nordfrankreich dauerte über sieben Monate. Die Verteidiger wehrten sich tapfer gegen die Truppen des französischen Königs Phillip August. Am Ende riskierte er einen Sturmangriff und siegte. Die Schwachstelle waren – die Latrinen! Die Angreifer quetschten sich durch die schmalen Schächte. Igitt! Aber von dort aus gelangten sie in die Burgkapelle und blitzschnell war die Burg eingenommen.

Fidibus faselt

Weißt du, warum die Spiraltreppen in den Türmen im Uhrzeigersinn angelegt waren? Denk mal kurz darüber nach oder stell dir vor, du willst einen Turm gegen Angreifer verteidigen, die gerade die Treppe hochhetzen. Die Antwort findest du auf Seite 62.

Kleiner Tipp:
Schau mal, mit welcher Hand Fidibus sein Schwert führt.

Als die Ritterzeit zu Ende ging

FALCK VON HAGENBART der Ältere
1499–1570

Auf Burg Hagenbart entdeckt Leander ein Gemälde des letzten Ritters der Familie. Hier sind dessen Aufzeichnungen.

„Unsere Zeit ist vorbei"

Mein Vorfahre Hagen hat gesehen, was Feuerwaffen anrichten können – 1334, als ein bayerischer Herzog die Stadt Meersburg mit einer Kanone beschießen ließ. Das tonnenschwere Geschoss riss große Löcher in die Stadtmauern. Bald wurden auch die ersten Burgen schwer beschädigt. Die Kugeln flogen immer weiter und trafen genauer. Daher wurden die Ritter schließlich überflüssig.

Faule Grete heißt eine Kanone aus dem 15. Jahrhundert.

Die faule Grete vor Friesach. Zeichnung von L. Burger.

So ärgert sich mein älterer Bruder Bernhard. Er verachtet alle, die von edlen Rittern zu Strauchrittern wurden. Diese Halunken rauben harmlose Reisende aus. Tja – schlechte Zeiten im 15. Jahrhundert: Hungersnöte wüteten und Seuchen wie die Pest. Den Bauern ging es schlecht. Da sie die Ritter ernährten, ging es denen bald genauso. So vergaßen viele, was sie dem edlem Ritterstand schuldig waren. Sie zettelten Kleinkriege an, nahmen Geiseln oder dachten sich unverschämte Zölle aus. Weh denen, die ihr Land durchquerten!

Nachgespielt:
Götz von Berlichingen mit
der eisernen Hand

Fidibus faselt

Das Wort „Raubritter" kam erst später in Gebrauch. So einer war der berühmte Götz von Berlichingen. Er legte sich mit jedem an und wurde sogar vom Kaiser geächtet. Lange saß er im Gefängnis. Als 1505 eine Kanone seine Hand zerschmetterte, ließ sich Götz eine künstliche anfertigen und hieß seitdem „Ritter mit der eisernen Hand". Der berühmte Dichter Goethe schrieb sogar ein Theaterstück und ließ ihn die Worte sagen – Moment, ich hab's gleich ...

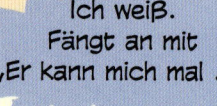

Ich weiß.
Fängt an mit
„Er kann mich mal ..."

„Eine Lanze brechen für die Damen!"

Diese Ritterregel befolgten wir bald nur noch bei Turnieren. Bis zum Jahr 1559, als ein König bei Ritterspielen umkam. Was wollte er dort? Die Ritterzeit war doch so gut wie vorbei. Aber Geschichten von stolzen Rittern hörte man immer noch gern, und überall in Europa gab es Turniere, auf denen man gepanzerte Pferde, herausgeputzte Damen und irrwitzige Rüstungen bewundern konnte. Nach dem königlichen Unfall wurden Turniere verboten. Das war das Ende der Ritterzeit.

Spucki spuckt's aus

Ritterspiele gibt es noch heute. Eines der bekanntesten findet in Bayern auf Schloss Kaltenberg statt. Auf dem ganzen Schlossgelände bricht dann das Mittelalter aus.

Auflösungen auf Seite 62, aber nicht spucken, äh, spicken!

Mach den
Knappentest

Wenn du dich gut auskennst, schaffst du diese Prüfung. Zähle deine Punkte zusammen.

Im Mittelalter gab es kein Handy. Bis ein Bote in der nächsten Burg ankam, konnte es dauern.

Wie verständigte man sich von Burg zu Burg, wenn es schnell gehen musste?

☐ mit schnellen Brieftauben ⓪

☐ mit lautstarken Minnesängern ❶

☐ mit weithin sichtbaren Rauchzeichen ❷

Alle Brieftauben startklar. Ab die Post!

Warum konnte eine Schildkröte im Mittelalter eine Schlacht entscheiden?

☐ Man hielt sie für ein gutes Wurfgeschoss. ❷

☐ Die Belagerer deckten sich mit Schilden ab: die „Schildkröte". ⓪

☐ „Der Orden der Schildkröte", war das nicht ein Ritterorden? ❶

Was tun, wenn der Gaul nicht mehr mag?

Hoch zu Ross nimmst du an einer Tjost teil. Da reißt dich einer aus dem Sattel, wirft sein Schwert weg und fängt doch glatt einen Ringkampf an! Was tust du?

☐ Du rangelst mit. Was bleibt dir anderes übrig? ❶

☐ Du beschwerst dich! Ringen ist verboten! ⓪

☐ Du rufst deine Kumpels zu Hilfe. Jetzt geht's los! ❷

Du suchst deine Klamotten und findest sie säuberlich aufgehängt über der Latrine! Igitt! Wer steckt denn hinter dieser Sauerei?

☐ Deine kleine Schwester. Sie hat dir einen Streich gespielt. ❷

☐ Deine Mutter. Sie will die Anziehsachen vor Ungeziefer schützen. ⓪

☐ Das Au-pair-Mädchen. Sie hat wieder alles falsch verstanden. ❶

Leander und Wolfherr sagen Tschüss

Leander: Dann waren sie also reif fürs Museum, die Ritter. Schade. Was kommt eigentlich nach dem Mittelalter?

Wolfherr: Die Neuzeit, in der wir heute leben. Viel Neues passierte: Amerika wurde entdeckt, der Buchdruck erfunden …

Leander: Also wurde alles besser als im Mittelalter mit seinen dunklen Burgen und vielen Schlachten.

Wolfherr: Leider nicht ganz. Kriege gibt es heute noch. Jetzt wollen wir aber über was Schöneres nachdenken: das Essen. Auf zum Rittermahl, Leander. Es gibt Backhühnchen nach Art des Hauses, mit …

Leander: … bloßen Händen. Ich hab's befürchtet. Dann guten Appetit, Ritter Wolfherr.

Wolfherr: Und vorher schön die Finger mit Rosenwasser säubern, Knappe Leander.

Hiermit schlage ich dich zum Ritter, Spucki!

Spuckis Ausflugstipps in die Welt der Burgen

Einen Tag im Mittelalter erleben!
Mit Puppenspielern, Handwerkern,
Markttreiben und Ritterturnier.
Auf nach Kaltenberg!

Wartburg Eisenach: Eine der bekanntesten deutschen Burgen. *www.wartburg.de*

Nibelungenmuseum Worms: Ein Muss für Fans des Drachentöters. *www.worms.de/extern/nibelungenmuseum/*

Festung Hohensalzburg: Hoch über der Stadt und mit der Zahnradbahn zu erreichen. *www.hohensalzburg.com*

Chateau de Chillon: Schmuckstück am Genfer See mit großem Besucherparcours. Entdeckungsrundgang für Kinder mit Maskottchen „Drako". *www.chillon.ch*

Jugendherbergen in alten Burgen
Burg Hagenbart ist nicht dabei, denn die ist erfunden. Aber zahlreiche andere gibt's hier.
www.jugendherberge.de/de/suche/index.jsp?q=burgen&lang=de

Ritterspiele
Gibt es in vielen Gegenden – zum Beispiel in Horb am Neckar, in Kaltenberg, Ehrenberg (Österreich)
www.ritterspiele.com; www.ritterturnier.de; www.ritterturniere.com

Zeittafel

732
Fränkische Panzerreiter

800
**König Karl der Große
wird Kaiser**

1096
**Die Zeit der Kreuzzüge
beginnt**

ab 1200
Das Nibelungenlied entsteht

1300
Mönch erfindet Schießpulver

1504
**Götz von Berlichingen
verliert
seine Hand**

Auflösungen

Seite 77: Die richtigen Begriffe lauten: Streitkolben, Hellebarde, Schwertleite, Raubritter, Knappe, Tjost, Tafelrunde.

Seite 99: Die Kartoffel war im Mittelalter in Europa noch nicht bekannt. Sie kam aus Amerika. Den Kontinent entdeckte Christoph Kolumbus 1492.

Seite 101: Hildegard von Bingen war eine weise Frau, die heilig gesprochen wurde. Den frechen Till Eulenspiegel und den mutigen Robin Hood gibt es nur in Büchern und Filmen.

Seite 121: Ein Angreifer konnte mit dem Schwert in der rechten Hand wenig ausrichten – der Verteidiger dagegen hatte mit rechts mehr Freiheit.

Seite 126–127: Test
0 bis 2 Punkte: Glückwunsch – nur noch sieben Jahre bis zum Ritterschlag!
3 bis 5 Punkte: Knapp daneben wird auch kein Ritter!
6 bis 8 Punkte: Glück gehabt – du musst garantiert nicht in die Schlacht ziehen!

Volker Präkelt

BAFF!
Wissen

Platz da, Pluto!

Was alles im Weltraum abgeht
und warum wir nicht in Schwarze Löcher
fallen sollten

Mit Illustrationen von
Fréderic Bertrand

Volker Präkelt träumt sich gern unterm Sternenhimmel in ferne Welten – und wenn sich über seinem Kopf nur die Kuppel eines Sternentheaters wölbt. Seitdem der BAFF!-Autor für das Hamburger Planetarium eine Show erdacht hat, sucht er den Himmel nach Kometen ab.

Fréderic Bertrand illustriert alles, was ihm vor die Bleistiftspitze kommt, und bastelt in der Freizeit an seinem rostigen Raumschiff. Seit ihn eines Nachts ein grünes Männchen besucht hat, um ihm dafür Tipps zu geben, vermisst er seine Gummistiefel. Ist bloß ein Witz!

Pluto war mal der neunte Planet unseres Sonnensystems, bis ihn die Weltraumbehörde IAU vor einigen Jahren als zu winzig befand. Für BAFF! hat er sich noch kleiner gemacht. Jetzt sieht er aus wie ein Fußball. Wegkicken lässt er sich trotzdem nicht. Platz da, Pluto? Von wegen.

K-Alli X 10 ist ein ausgedachter Außerirdischer von einem weit entfernten Planeten. K-Alli weiß, wie man schnell zur Erde gelangt: E-Mail im Intergalaktischen Internet losschicken – und sich selbst als Anhang senden. Ja, die K-Allianer sind clever. Leider pupsen sie immer, wenn sie sich freuen!

Irre, was so um die Erde kreist! Wo, wie, warum und wie lange schon, erfährst du gleich.

Inhalt

Igitt, K-Alli —
das ist ja schlimmer als
der Urknall!

Hallo, Pluto!
Freust du dich auch,
dass es losgeht?

Zurück zum Urknall

Vorsicht. Gleich knallt's. Nichts.

Wie bitte?   Bzzzzzzzz!

Das ist der Urknall. Dieses Bzzzzzz!

Aber es hat doch gar nicht geknallt! Gesehen hat man auch nichts.

Es gibt ja noch keinen Raum. Also kann man auch nichts hören.

Aber jetzt! ∞ ∞ ∞ ∞ ∞

Explosion. Energie. Wolken aus Gas und Staub.
Feuerbälle. Sterne. Planeten. Unendlich viele.

Das **Universum** entsteht.
Vor 13,7 Milliarden Jahren.

Du und ich sind ein Teil davon. Wir leben.
In unserer Galaxis, der Milchstraße.
Da ist unser Stern. Die Sonne.
Um die dreht sich unsere Erde.

Ist sie groß, unsere Erde?

Wie ein Sandkorn in der Wüste.

Wie ein Tropfen im Ozean.

Also winzig. Sehr winzig.

Gibt es Leben außerhalb der Erde? Vielleicht. Moment. Ich höre was.
Bzzzzzz ...

Sonne

Venus

Mars

Saturn

Neptun

Merkur

Erde

Uranus

Jupiter

Wie merk ich
mir denn
die Planeten?

Ganz einfach:
Mein Vater erklärt mir
jeden Sonntag unseren Nachthimmel.
Alles klar?

Luca

Patrick Stern

Luca betrachtet gern den selbstleuchtenden Sternenhimmel an seiner Zimmerdecke. Wenn er dann die Augen schließt, hebt er mit seinem Raumschiff ab – dem Lucamobil. Pluto würde er gern mal aus der Nähe sehen. Dass der nur noch als Zwergplanet gilt, ärgert ihn ein bisschen.

Patrick ist im amerikanischen Florida aufgewachsen und ließ sich dort als Kind keinen Raketenstart entgehen. Er wollte Astronaut werden, bestand aber den Gesundheitstest nicht. Jetzt leitet er eine Sternwarte und erklärt großen und kleinen Menschen die Wunder des Universums.

Mit Planeten jonglieren

Mit der Erde telefonieren

Houston, wir haben ein Problem!

Science oder **Fiction** – **wahr** oder **ausgedacht**?

Lehrer vom anderen Stern

Ausgedacht! Stell dir vor, du findest einen Außerirdischen in der Garage, versteckst ihn in deinem Zimmer und zum Dank zaubert er galaktisches Wissen an die Zimmerwand. Das gibt es bisher nur im Film „E.T. – Der Außerirdische". Echte E.T.s hat noch keiner gesichtet.

Drama im Weltall

Wahr! Im April 1970 unternimmt das Raumschiff Apollo 13 eine Expedition zum Mond. Zuerst explodiert ein Sauerstofftank, dann macht die Luftversorgung Probleme. Die reparieren die drei Astronauten mit Tüten und Klebeband. Mit Mühe ändern sie den Kurs – zurück zur Erde! Ein Computer nach dem anderen

Doch noch sicher gelandet – die Mannschaft der Apollo 13

fällt aus … Tag und Nacht stehen ihnen die Techniker der Kontrollstation zur Seite. Die befindet sich in der amerikanischen Stadt Houston. Seitdem benutzen viele den Notruf „Houston, wir haben ein Problem!". Das Ende der Geschichte: Alle drei landen wieder auf der Erde. Sie leben!

Am Himmel von Bethlehem

Wahr, aber ... Wissenschaftler, die den Sternenhimmel erforschen, heißen Astronomen. Sie haben herausgefunden, dass die Planeten Venus und Jupiter um Christi Geburt hintereinanderstanden. Von Israel aus wirkte das wie ein einziger, sehr heller Stern. Den Rest kennst du aus der Bibel – als Weihnachtsgeschichte.

Die Erde ist ein ...

Um die Erde kreist der ...

In unserem Sonnensystem

gibt es auch ...

Unser Sonnensystem gehört zu einer Galaxie, der ...

Die Erde und sieben andere Planeten kreisen um die ...

Rätsel

Kannst du Patrick bei der Suche nach den passenden Schildern helfen?

ASTEROIDEN UND KOMETEN

MILCHSTRASSE

MOND

SONNE

PLANET

Pluto plaudert

Bis vor wenigen Jahren galt ich – Pluto – als neunter Planet unseres Sonnensystems. Dann warf mich die Internationale Astronomische Union IAU einfach raus. Zu klein! Seitdem bin ich ein Zwergplanet.

Die Reise zum Mond
Luca befragt den Weltraumexperten Patrick Stern

Luca: Patrick Stern – heißt du echt so?

Patrick: Ja, klar! Und nicht nur ich. Aber garantiert gibt es mehr Sterne als Menschen mit meinem Namen. Unendlich viele Sterne. Das haben wir Astronomen herausgefunden.

Luca: Wie bist du denn Astronom geworden, Patrick?

Patrick: Ich komme aus Florida und habe dort viele Raketenstarts erlebt. Schon als kleiner Junge wollte ich Astronaut werden, also selbst ins Weltall abheben. Ich habe Luft- und Raumfahrttechnik studiert und bin dann bei der NASA angenommen worden. Da war ich ganz schön stolz.

Luca: Hast du auch in der Schwerelosigkeit üben müssen?

Unter
Wasser wird
trainiert
...

K-Alli hat's kapiert

Die amerikanische Raumfahrtbehörde heißt NASA.
Ihre Raumfahrtpiloten nennt man Astronauten.
Auch die Russen waren oft im All – mit
ihren Kosmonauten. Raumfahrer aus China
heißen Taikonauten.

Patrick: Ja. Das klappt aber nur in einem Wasserbecken. An
den Füßen trugen wir Bleigewichte, damit wir nicht steigen
oder sinken – ganz wie im All eben. Dann mussten wir Repara-
turen an unserem Raumschiff durchführen. Das war natürlich
eine Attrappe. Leider machten meine Ohren immer mehr Probleme.
Daher habe ich die letzten Gesundheitstests nicht bestanden.

Luca: So ein Ärger! Und dann hast du dich auf die Beobachtung der
Sterne verlegt. Wenn man Astronom werden will – muss man da
Mathe können?

Patrick: Mathematik und Astrophysik sind sehr
wichtig. Wer das Weltall verstehen will,
muss die Kräfte kennen, die dort herrschen. Zum Beispiel die Schwerkraft, die dich und mich auf
der Erde hält. Und die Planeten in ihren Umlauf-
bahnen – im ganzen
Universum.

... und
im All wird
repariert.

1961 umrundete Juri Gagarin die Erde – als erster Mensch im All!

Luca: Was ist denn der Unterschied zwischen Universum, Weltall, Kosmos und Galaxie?

Patrick: Eine Galaxie ist ein besonders großes Sternensystem – wie die Milchstraße. Die anderen Begriffe bezeichnen im Grunde dasselbe. Ich verwende das Wort Universum.

Luca: Und wie war das mit der Mondlandung? Ich hab mir das Datum aufgeschrieben. Am 16. Juli 1969 startete das bis dahin größte Abenteuer der Menschheit. Apollo 11 hieß die Mission – Neil Armstrong setzte als erster Mensch seinen Fuß auf den Mond.

Patrick: Ich war damals so alt wie du und habe im Fernsehen zugeschaut, wie Neil Armstrong und Buzz Aldrin ihre Mondfähre landeten. Der dritte Astronaut, Michael Collins, kreiste währenddessen mit dem Mutterschiff um den Mond – der Raumfähre Columbia.

Luca: Das muss damals ein irres Risiko gewesen sein.

Patrick: Klar. Die Menschen hatten aber schon Erfahrungen – mit unbemannten Flugkörpern. Anfangs hat man sogar Tiere in den Weltraum geschossen. Heute sind nur gut ausgebildete Astronauten unterwegs. Später vielleicht nur noch Roboter.

Able und Miss Baker kehrten putzmunter auf die Erde zurück.

Die Apollo 11 startet zum Mond.

Neil Armstrong, Michael Collins, Buzz Aldrin

Wir waren da!

Das ist Buzz Aldrin.

Ups! Pups! Ich meine ... ätsch, größer!

Beim Mondspaziergang

Wo die letzten Sternlein stehen

2525. Raumschiff EINSTEIN erkundet den Rand des Universums.
Die Besatzung: ein Roboter. Baffy berichtet ...

Hallo, hier spricht BAFFY, der Roboter. Bin gerade mit über einer
Million Kilometer pro Stunde unterwegs – Lichtgeschwindigkeit.
Dagegen waren die alten Raumschiffe lahme Gurken. Leise summt
Boco, der Bordcomputer. Auf seinem Bildschirm erscheint eine Schrift:
„Wahnsinnstempo – Hilfe!" – „Klappe!", sage ich und schaue ins
weite All. Cool! Im Minutentakt lassen wir die Planeten hinter uns.
„Runter mit der Geschwindigkeit!", leuchtet es auf.
Boco ist ein ganz schönes Weichei!

Pluto plaudert

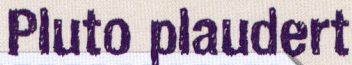

Im All werden Entfernungen in Lichtjahren gemessen. In einer Sekunde legt das Licht 300.000 Kilometer zurück. Mit der Geschwindigkeit der EINSTEIN wäre der Mond in nur 1,3 Sekunden und die Sonne in acht Minuten erreichbar. Das Zentrum der Milchstraße liegt ungefähr 25.000 Lichtjahre weit weg.

Die Ringe des Saturns sind ein irrer Anblick. Boco blinkt noch bunter. *„Umlaufbahn von Pluto erreicht!"* Und dann: *„Armer kleiner einsamer Eisball ☺."* Wie bitte? Hat der Bordcomputer etwa Mitleid? Ist doch nur eine Maschine ohne Gefühle. Wie ich, der Roboter Baffy. Und es wird immer schlimmer: *„Schreckliche Leere ☹! Viereinhalb Jahre bis zum Proxima Centauri!"* Das ist der nächste Stern. Na, und? Mir machen Zeit und Raum nichts aus.

Aufgenommen vom Hubble-Weltraumteleskop: Pluto, der Zwergplanet

Pluto plaudert

Von wegen einsamer Eisball! Zu 70 % bestehe ich aus Stein und bin ewig weit weg. Mit einer heutigen Raumsonde bräuchtest du mindestens zehn Jahre für die Strecke!

Auf dem Bildschirm leuchtet ein roter Komet. Scheint dringend zu sein. **„Auf Hand-Steuerung gehen!"** – „Wieso?", frage ich. „Ist doch alles leer vor uns!" Die Schrift blinkt. **„Sofort!"** Also gut! Ich lege den Hebel um. Keine Sekunde zu früh. Ein Komet schießt auf uns zu. Verflixt! Die Ausläufer der Oort-Wolke – bei 300.000 Kilometern pro Sekunde eine Herausforderung für jeden Piloten. Im letzten Moment ziehe ich die EINSTEIN hoch. Fieberhaft spuckt Boco neue Flugdaten aus. „Wie lange geht das noch so?", brülle ich. **„Zwei Jahre!"** Mist!

> Kometen sind kleine, eisige Himmelskörper und von einer Hülle umgeben, die von der Erde aus als Schweif erscheint.
> Die Oort-Wolke ist voll davon.

Die Sternengruppe Alpha Centauri liegt hinter uns. Sirius, den nächsten Stern, erreichen wir erst in fast fünf Jahren. Puh. Irgendetwas passiert mit mir. Ich habe sogar geträumt: Im Universum öffnete sich eine Tür, dann noch eine und noch eine – unendlich viele Türen. Wir gleiten hindurch. **„Niemand kann sich vorstellen, wie groß das Universum ist."** Boco reißt mich aus meinen Gedanken. Seit der Oort-Wolke redet er mit mir. **„Jenseits der Milchstraße liegen noch andere Galaxien."** – „Wie viele?", frage ich. Die Lämpchen blinken. Dann schnarrt er los: **„Hundert Milliarden!"** So viele? Hilfe! Mein Energie-Level sinkt. Habe ich jetzt auch Gefühle? Boco zeigt ein ☺. **„Du brauchst einen Freund",** sagt er. **„Wir sind auf einer verdammt langen Reise – in die Unendlichkeit."**

Von Roten Riesen und Weißen Zwergen
Luca befragt Patrick Stern

Luca: Ach, du lieber Mann im Mond! Im Vergleich zum Flug der EINSTEIN kommen einem die Apollo-Expeditionen wie ein Ausflug zum Ponyhof vor, oder?

Patrick: Ist ja auch Science-Fiction. So nennt man Geschichten über die Zukunft. Bei den gewaltigen Entfernungen kann es gut sein, dass irgendwann nur noch Roboter reisen, weil ein Menschenleben nicht ausreicht.

Luca: Das Universum ist groß – ich hab's kapiert. Und alles dreht sich. Frage: Wenn sich etwas auf der Erde dreht, wird es mit der Zeit langsamer. Ein Kreisel oder eine Münze bleiben irgendwann liegen. Wieso ist das im All anders?

Patrick: Weil es außerhalb der Atmosphäre keinen Luftwiderstand gibt. Der würde die Bewegung bremsen.

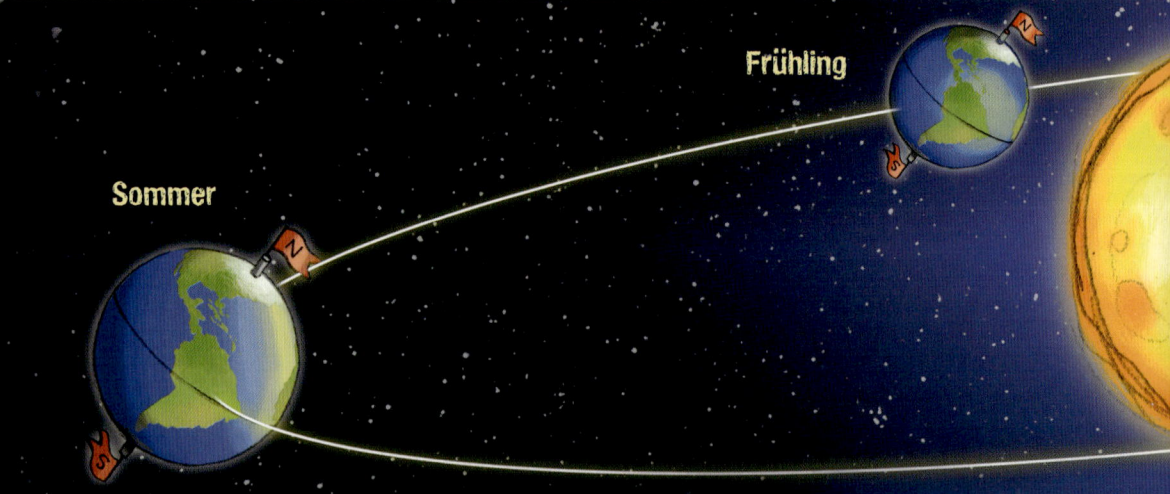

Luca: Die Atmosphäre, das ist der Luftgürtel um die Erde aus Sauerstoff und Stickstoff.

Patrick: Du kennst dich aus. In 24 Stunden dreht sich die Erde einmal um sich selbst. Wo die Sonne hinscheint, da ist Tag, auf der anderen Seite ist Nacht.

Luca: Und die Jahreszeiten? Frühling, Sommer, Herbst und Winter?

Patrick: Weißt du, die Erde steht leicht schief – wie ein Globus. Richte eine Lampe auf die Kugel und du merkst, dass mal mehr, mal weniger Sonne auf bestimmte Flächen fällt.

Luca: Logisch!

Patrick: Ein Jahr braucht die Erde, um die Sonne zu umkreisen. Dabei ändert sich auch geringfügig der Abstand zwischen den beiden, denn die Umlaufbahn der Erde ist oval, nicht rund. Außerdem dreht sich die Erde auch noch um sich selbst. Wenn im Dezember der Nordpol von der Sonne abgewandt ist, herrscht auf der Nordhalbkugel Winter. Treffen die Sonnenstrahlen dagegen im Norden auf, haben wir Sommer.

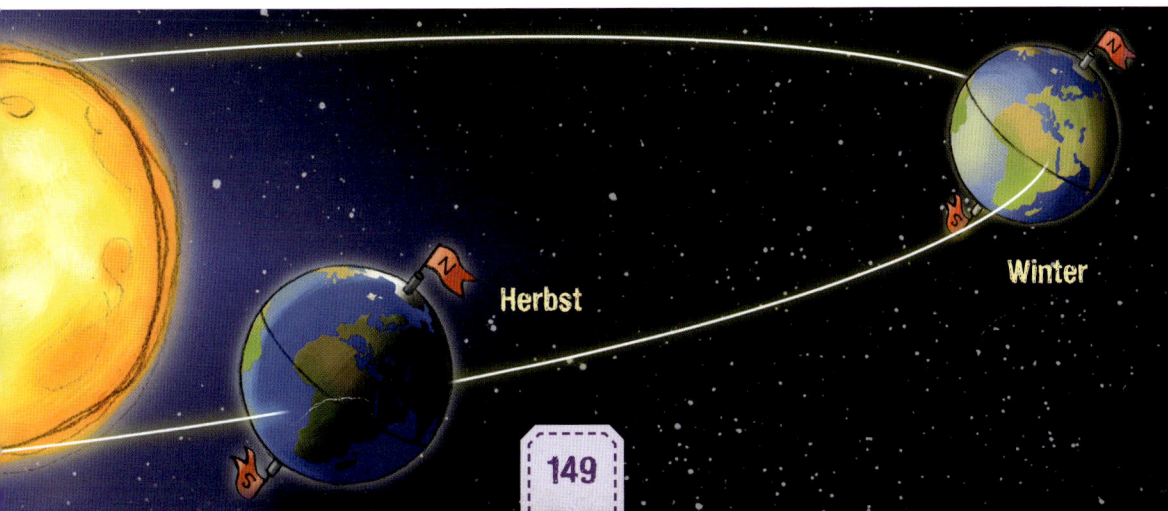

Herbst

Winter

Luca: Alles klar! Aber jetzt düsen wir wieder ins Universum. Da oben ist ja wohl nicht alles dunkel, oder? Rund um die Sterne geht's ja recht bunt zu. Gibt es nicht blaue Zwerge oder so?

Patrick: Wie bitte – blaue Zwerge? Da fallen mir nur die Schlümpfe ein. Bestimmt meinst du Gelbe Zwerge. Was steckt wohl dahinter?

Luca: Vielleicht – Sterne, die noch nicht so alt sind?

Patrick: Genau. Wie unsere Sonne mit ihren viereinhalb Milliarden Jahren. Vom Alter her ist sie gerade mal erwachsen. Sie gilt als Zwerg, weil es viel größere Sterne gibt. Aber irgendwann wird sie zu einem Roten Riesen.

Luca: Ist ja riesig! Verstehe ich aber trotzdem nicht.

Patrick: Jeder Stern ist eine heiße Gaskugel, die vor allem aus Wasserstoff besteht. Wenn der aufgebraucht ist, bläht sich der Stern auf und wird zum Roten Riesen. Dann stößt er seine Hülle ab. Was übrig bleibt, ist ein schwach leuchtender Weißer Zwerg.

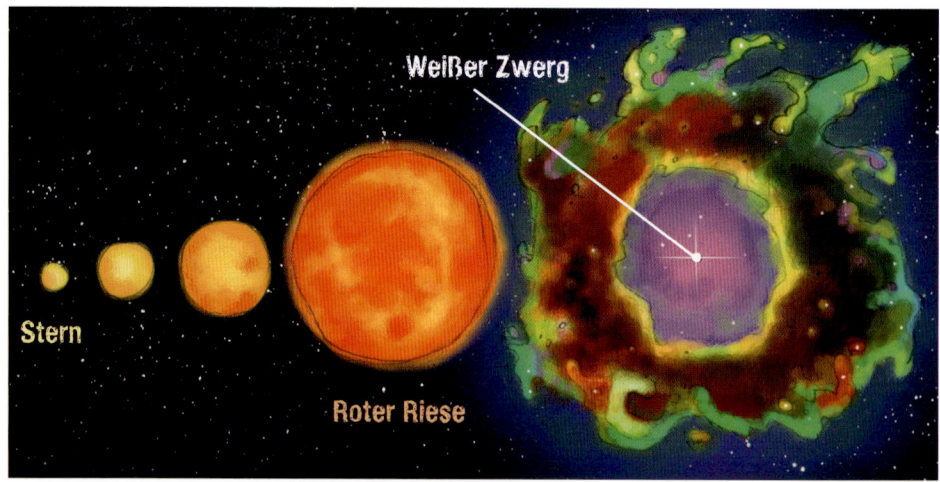

Ein roter Riese explodiert
und wird zur Supernova.

Weiße Zwerge in der
Milchstraße

Luca: Huch! Dann ist die Sonne irgendwann futsch, meinst du? Die brauchen wir doch zum Leben. Grausam! Aber vielleicht sind die Menschen dann schon umgezogen – in ein jüngeres Sonnensystem.

Patrick: Besser wäre das. Denn die Hitze, die beim Ableben eines Sterns entsteht, kann niemand aushalten. Aber mach dir darüber keinen Kopf. Die Sonne hält noch länger als drei Milliarden Jahre durch! So alt werden wir beide bestimmt nicht.

K-Alli hat's kapiert

Die Sonne ist ein Superkraftwerk.
Auf der Oberfläche ist es viel heißer
als in einem Hochofen. Im Kern
herrschen bis zu 15 Millionen Grad.
Bei diesen Temperaturen wird Wasserstoff zu einem anderen Element verschmolzen:
Helium. Dabei wird viel Energie frei –
und deshalb leuchtet die Sonne.

Warum fällt der Apfel immer auf den Boden?

Isaac Newton hat es herausgefunden.

Isaac Newton
und
der Apfel der Erkenntnis

Wir schreiben das Jahr 1666. Der Schwarze Tod geht um in der englischen Stadt Cambridge: die Pest. Die gefährliche Krankheit ergreift jeden, der nicht rechtzeitig flüchtet. Wohin nur? „Komm doch mit aufs Land, John", schlägt mein Studienfreund Isaac vor. „Da sind wir sicher vor der Ansteckung. Hoffentlich!" Ja, wir gehen nach Woolsthorpe, wo Isaac bei seiner Großmutter aufgewachsen ist.

Zwischen den grünen Hügeln und den Feldern finden wir etwas Ruhe. Die frische Luft tut uns gut nach dem Hauch des Todes in der Häuserflut. Ich sorge mich um meine Mutter, die in der Stadt zurückgeblieben ist. Isaac arbeitet wie besessen: Er will die Bewegung des Mondes verstehen. Dann, in einer Spätsommernacht, verrät er mir seine größte Erkenntnis – Isaac Newton, das Genie.

Isaac Newton

Zwischen den Apfelbäumen betrachtet Isaac die Sternbilder. Er lässt einen Apfel fallen. „Schau, John", sagt er zu mir. „Er fällt nach unten, immer nach unten. Nicht zur Seite. Nicht nach oben. Warum?"

Isaac kennt die Antwort. „Der Grund ist die Schwerkraft. Sie lässt den Apfel nach unten fallen. Die gleiche Kraft zieht alle Himmelskörper an und lässt sie um andere kreisen."
Ich schaue ungläubig. Isaac legt den Kopf in den Nacken. „Es ist ganz einfach", sagt er. „Die Regeln der Physik gelten auf der Erde – und im Universum! Daher kreist der Mond um die Erde." – „Und warum fällt der Mond dann nicht auf uns runter?"
Isaac lacht. „Weil es noch andere Kräfte gibt, die ihn von der Erde wegdrängen. Aber die Schwerkraft hält ihn fest auf seiner gekrümmten Bahn."

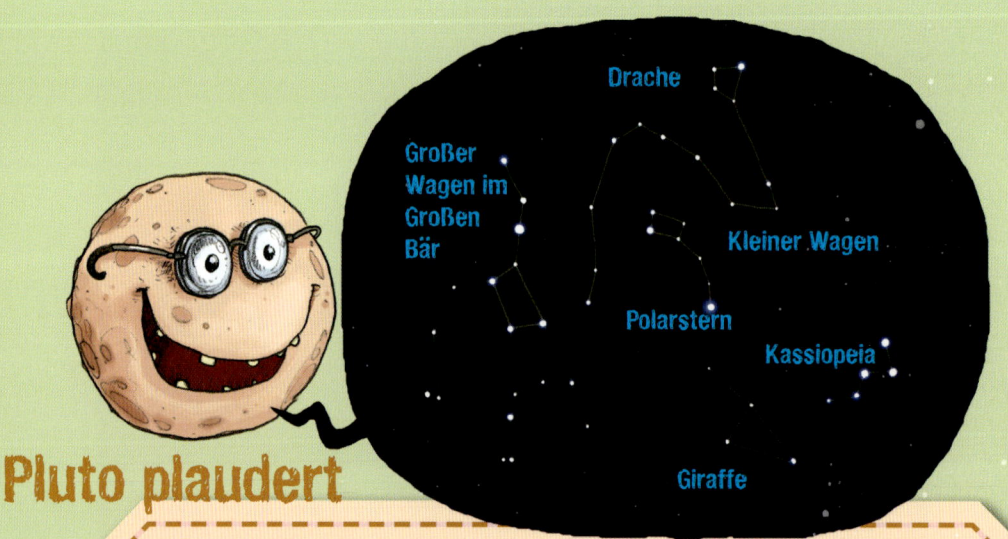

Pluto plaudert

Da die Erde um die Sonne wandert, seht ihr Erdlinge zu verschiedenen Jahreszeiten andere Sternbilder. Früher gab man ihnen Namen – von alten Sagen oder Tieren wie Delfin oder Bär. Es gibt 88 Sternbilder.

Inzwischen sind einige Jahre vergangen. Die Pest ist vorbei. Isaac
Newton ist längst Professor für Mathematik. Eines Abends erzählt er
mir von einem Physiker namens Halley. Der habe ihn nach einem
Beweis für die Gesetze der Planetenbewegung gefragt. Ausgerechnet
ihn, Newton! Wo er doch viel früher draufgekommen ist. Doch bisher
hat er sein Wissen für sich behalten.
Ich nehme einen Apfel aus der Obstschale. „Jetzt oder nie, Isaac! Oder
willst du, dass dir andere die Früchte der Erkenntnis wegnehmen?" Er
nickt, greift nach Feder und Papier. Und er schreibt drei dicke Bücher –
für sich, für uns, für die Nachwelt und die Ewigkeit. Immer auf der
Suche nach Antworten auf ganz einfache Fragen. Fragen wie
„Warum fällt der Apfel auf den Boden?".

K-Alli hat's kapiert

Jahrhundertelang hielt man die Erde für
den Mittelpunkt der Schöpfung. Das Weltall
stellten sich die Menschen als eine Art
Theaterkuppel vor, auf der die Sterne
vorbeiziehen.

Mit Galileo auf der Sternenparty

Luca befragt die Himmelsforscher

Stell dir vor, jenseits von Zeit und Raum findet eine Sternenparty statt. Alle sind eingeladen: Aristarch von Samos, Kopernikus, Bruno und Galilei. Luca hat jede Menge Fragen.

Luca: Herr Aristarch, Sie kommen von der schönen griechischen Insel Samos. Kann das sein, dass Ihr Name nicht so oft erwähnt wird?

Aristarch: Immerhin hat man einen Mondkrater nach mir benannt, junger Freund. Ich habe als Erster die Sonne als Mittelpunkt der Himmelskörper gesehen. Und das schon 300 Jahre vor Christi Geburt.

Luca: Voll cool! Hat sich aber keiner gemerkt. Warum ging dieses Wissen verloren?

Aristarch: Es gab ja noch keine Fernrohre, also Teleskope. So konnte ich nicht beweisen, wie sich die Planeten bewegen.

Die Sonne ist der Mittelpunkt.

Aristarch von Samos (310 bis ca. 230 v. Chr.)

Die Sonne heißt auf Griechisch „helios". Deshalb spricht man vom heliozentrischen Weltbild. Wollte aber viele Jahrhunderte lang keiner was davon hören. Nicht wahr, Herr Kopernikus?

Luca: Ah, der berühmte Herr Nikolaus Kopernikus. Lassen Sie mich kurz nachrechnen. Haben Sie etwa 1.500 Jahre später die Schriften von Herrn Aristarch gelesen?

Kopernikus: Klar! Ich hab sie in einem Dom entdeckt, im Turm. Seine Beobachtungen haben meine Überlegungen bestätigt: Die Planeten drehen sich um die Sonne. Man nennt das kopernikanisches Weltbild.

Luca: Das wurde also nach Ihnen benannt. Gratuliere! Aber Moment: Sie entdeckten sie in einem – Domturm? War die Kirche nicht der Meinung, alles dreht sich um die Erde? Und alles andere ist böse Ketzerei und muss bestraft werden?

Kopernikus: Ja! Und ich – ich war sogar Domherr. Deshalb war ich lieber vorsichtig und habe meine Aufzeichnungen nur wenigen gezeigt. Erst sehr spät bin ich selbst an die Öffentlichkeit getreten. Die Kirche ließ mich aber in Ruhe. Dieser Herr dagegen musste mehr leiden. Guten Abend, Herr Bruno!

Die Planeten drehen sich um die Sonne.

Pups!

Nikolaus Kopernikus (1473–1543)

Luca: Bruno, Bruno – ich hab's, Giordano Bruno! Haben Sie nicht sogar andere Lebewesen im Weltall vermutet?

Bruno: Ja. Es muss wohl noch andere bewohnte Welten geben, dachte ich mir, weil das Universum unendlich groß ist. Das habe ich herausposaunt. Leider war ich meiner Zeit voraus – und wenn Sie mich nun entschuldigen wollen, dem Herrn Galilei da drüben möchte ich heute nicht begegnen.

Luca: Herr Galilei: Unter uns – was hat er denn, der Herr Bruno?

Galilei: Er ist nur neidisch. Denn ich hab den Lehrstuhl an der Universität bekommen – und nicht er. Der arme Giordano hat sich immer in alle Nesseln gesetzt. Er nahm ein schlimmes Ende. Damals waren die Gedanken noch nicht so frei. In Europa herrschte die Inquisition – das kirchliche Strafgericht. Die nahmen jeden ins Gebet, der möglicherweise gegen die Meinung der Kirche verstoßen hatte. Ketzerei nannte man das. Viele wurden hingerichtet. Auch der arme Giordano.

Luca: Oh! Aber sagen Sie mal, Herr Galilei, wie haben Sie „da oben" so viel entdecken können?

Vier Monde kreisen um den Jupiter.

Das Universum ist unendlich.

Galileo Galilei (1564–1642)

Giordano Bruno (1548–1600)

Galilei: Ich war wohl der Erste, der mit einem Teleskop in den Himmel schaute. So entdeckte ich Krater auf dem Mond und Flecken auf der Sonne. Und immerhin vier Monde, die um den Jupiter kreisen. Ich wurde berühmt. Ein Papst war mir wohlgesinnt. Dennoch gab es Streit mit der Kirche. Flecken auf der Sonne? Wie kann das sein, Herr Galilei, wenn dieser Himmelskörper doch angeblich so vollkommen ist?

Luca: Äh – können Sie mir noch ein paar Kollegen vorstellen?

Galilei: Johannes Kepler vielleicht. Er entdeckte, dass die Planeten nicht auf Kreisen, sondern auf Ellipsen um die Sonne laufen.

Luca: Die Planeten eiern also rum.

Galilei: Ja, Ellipsen sind eiförmig. Übrigens, Albert Einstein kommt später – wahrscheinlich mit seiner eigenen Zeitmaschine. Ein verrückter Kerl. Kennen Sie seine Relativitätstheorie?

Luca: Hm. Die kapier ich nicht richtig und vergesse sie immer. Jetzt probier ich erst mal einen Sternenshake.

Pinkelpause
in der Raumfähre

Über 30 Jahre lang brachten Spaceshuttles Männer und Frauen ins All. Tom war dabei und erzählt dir seine unglaubliche Geschichte.

3 – 2 – 1 – Liftoff!

„Alles klar, Tom?", fragt Commander Michael über Sprechfunk. „Ja", antworte ich. „Over." Dann ist es so weit. Mit einem irren Tempo schießen wir ins All. Der Schub drückt uns in die Sitze. Nach zwei Minuten werden die Raketen ausgeklinkt, nach neun Minuten wird der Außentank abgetrennt. Treibstoff brauchen wir nur noch zum Steuern. Auf unserer Umlaufbahn fliegen wir von selbst.

Pluto plaudert englisch

Englisch für Raumfahrer

Countdown Runterzählen beim Start / **Liftoff** Abheben, Start / **Spaceshuttle** Raumfähre / **Commander** Kommandant / **Mission Control Center** Flugkontrollzentrum / **Over** fertig (Funkverkehr) / **Everything fine?** Alles o.k.?

Frühstück um sechs

Schwerelosigkeit im All – gar nicht so einfach! Ich trinke durch einen Strohhalm und lutsche Müsli aus der Plastiktube. Michael macht seine Cornflakes mit Tacosoße scharf. „Im All lässt der Geschmackssinn nach!", sagt er und grinst. Ans Klo muss ich mich noch gewöhnen. Erst anschnallen. Danach wird alles von einem Luftstromsystem abgesaugt.

Sport muss sein!

Später geht's auf ein Trimmfahrrad, damit Muskeln und Knochen in der Schwerelosigkeit fit bleiben. Michael und ich spielen Weltraumtennis – mit Flugdatenheften als Schläger und einem Knäuel aus grauem Klebeband. Er schlägt vor, einen Tropfen Flüssigkeit als Ball zu nehmen. Cool! Das funktioniert. Es darf bloß keine Tacosoße sein! Michael erklärt mir meinen Raumanzug. Er besteht aus über 20 Schichten. Im Rucksack: Wasser, Sauerstoff, Funkgerät. Auf der Brust: Elektronik und Computer.

Ups! Pups! Bitte nicht im Raumanzug ... den kann man nicht lüften.

Die Internationale Raumstation ISS

K-Alli hat's kapiert

Spaceshuttles brachten Menschen und Material zu den Raumstationen MIR und ISS. 132 Mal kehrten die Raumfähren sicher zurück. Es gab aber auch zwei schlimme Unfälle mit Toten.

Spaziergang im All

Wartungsarbeiten! Ich darf Michael auf so einem „Astronauten-spaziergang" begleiten. An einer Sicherungsleine schweben wir in die Ladebucht. Ich hake die Stiefel in die Sicherung des Teleskoparms und drehe mich nach der Erde um. Welcher Kontinent liegt unter uns? Ich lehne ich mich nach hinten. Afrika! Schnell wieder zurück. Hoppla. Jetzt habe ich zu viel Vorwärtsschwung! Hilfe! Es kommt mir vor, als falle ich in die Schwärze des Weltalls. Nach ein paar Sekunden habe ich mich wieder gefangen und schwinge zurück. Dann höre ich eine Hupe. Hä? Seit wann können Raumschiffe hupen? Ich spüre eine Hand auf meiner Schulter.

„Wir sind da, Tom", sagt mein Vater und stellt den Motor unseres Wagens ab. „Auf ins Planetarium!"

Schlafen ohne Schwerkraft

Hier wird Pipi in Trinkwasser umgewandelt.

Das Essen kommt aus der Tüte.

Einmal durch die Luke!

Reparatur im All

Urlaub im Universum
Luca befragt Patrick Stern

Luca: Die Spaceshuttles fliegen also nicht mehr. Wer bringt denn jetzt die Menschen ins All? Etwa das Raumschiff Orion – wie in dieser alten Fernsehserie?

Patrick: Du wirst lachen: Die neuen Raumkapseln heißen wirklich so. Der Countdown startet in ein paar Jahren.

Luca: 3, 2, 1 – alles klar! Ich würde so gern mal Ferien im All machen.

Gar nicht so riesig, die Raumkapsel Orion, die vielleicht irgendwann Menschen zur ISS bringen soll.

Pluto plaudert

Ist dir schon aufgefallen, dass du vom Mond immer nur eine Seite siehst? Das kommt, weil er sich genauso schnell wie die Erde dreht. So zeigt er dir immer dasselbe Gesicht.

Patrick: Wie Charles Somonyi im Jahr 2009. Der zahlte 35 Millionen Dollar für einen Besuch auf der ISS. Finde ich galaktisch gaga!

Luca: Puh – so viel Kohle hab ich nicht! Da arbeite ich lieber an meinem Lucamobil. Erste Zeichnungen habe ich schon gemacht.

Patrick: Prima! Ich denke, irgendwann wird es ganz normal sein, dass wir im All Urlaub machen. Im amerikanischen Bundesstaat New Mexiko warten schon zwei Raumfähren. Den Flug kannst du im Internet buchen. Einmal rund um die Erde. Ob es Reisen zum Mond oder zu fernen Planeten geben wird – das steht in den Sternen.

Luca: Der Mond spielt schon eine Rolle, oder?

Patrick: Planeten-Hopping ist das Stichwort. Hopping heißt Hüpfen – von Planet zu Planet. Der Mond könnte eine Tankstelle sein. Das geht aber nur, wenn man in den tiefen Mondkratern genügend gefrorenes Wasser findet, also Eis, das sich in Sauerstoff und Wasserstoff zerlegen lässt. Damit hätten wir einen prima Treibstoff.

Luca: Dann müsste es auf dem Mond auch Menschen geben. Und Fahrzeuge.

Patrick: Mondautos werden in Amerika schon getestet – auf einem Gelände in Arizona, auf dem der Boden so ähnlich ist wie der auf dem Mond. So stellt man fest, wie das Fahrzeug reagiert.

Luca: Wohnen muss da dann ja auch jemand. Wie geht das?

Patrick: Weißt du, was das Schöne an einer Luftmatratze ist?

Luca: Man benutzt sie beim Camping und abends gibt's Spaghetti.

Patrick: Du weißt schon, was ich meine. Zusammengefaltet lässt sich eine Luftmatratze leicht transportieren. Genauso ist es mit den luftdichten Elementen für das Mondabenteuer. Dort oben werden die Teile aufgeblasen und miteinander verbunden. Perfekt zum Wohnen, zum Arbeiten und um Dinge zu lagern: Werkzeug, Raumanzüge, Sauerstoffvorräte, Essen.

Luca: Und Solarenergie wird es ja wohl auch geben.

Patrick: Vielleicht. Aber die großen Temperaturunterschiede sind ein Problem. Sie schwanken zwischen plus 130 und minus 160 Grad.

Luca: Ist das auf dem Mars besser? Dann fliegen wir doch lieber dahin.

Patrick: Vor einigen Tagen fand ich beim Ausmisten ein Jugendbuch aus den 60er-Jahren. Da schrieb jemand, dass der erste Mensch 1985 auf dem Mars landen wird. So weit sind wir noch lange nicht. Die Temperaturen, die Stürme, die Entfernung – da gibt es so einige Nüsse zu knacken. Durch zwei Roboterfahrzeuge wissen wir inzwischen eine ganze Menge über den Mars. Zum Beispiel, dass es dort mal Wasser gab. Raumsonden haben an den Polarkappen des Roten Planeten sogar Eis entdeckt. Du siehst, die besten Ergebnisse ...

Luca: ... bringen die unbemannten Raumsonden. Oder sagt man besser „unbemenscht"?

Patrick: Mensch, du bist ein galaktisch guter Spracherfinder!

Gab es Leben auf dem Mars?

Das soll das Roboterfahrzeug CURIOSITY herausfinden.

August 2012 — erfolgreich auf dem Mars gelandet ...

... sendet der Roboter gleich Bilder zur Erde.

Bereits 2005 entdeckt: Eis auf dem Mars. Wo Eis ist, könnte auch Leben entstehen. Aber nur, wenn das Eis zu Wasser wird.

Hallo, gibt es hier intelligentes Leben?

K-Alli X 10 reist mit Lichtgeschwindigkeit. Mindestens.
Hier ist sein Bericht – von einer Reise zur Erde.

… und derbe kosmo-obergeil, die Erde. So sprecht ihr doch da unten, oder? Ganz ehrlich: Im Vergleich zu eurem Heimatplaneten sieht meiner aus wie ein abgewetzter Fußball. Und dann noch dieser Luftgürtel, die Atmosphäre, die euch atmen lässt und für das tolle Licht sorgt. Echt grell! Da muss ich mir wohl eine Sonnenbrille besorgen. Eintritt in die Atmosphäre in acht Minuten. Ich prüfe die Daten auf dem Bildschirm: ERDE --- zwischen Venus und Mars, wird vom Mond umrundet --- auf der Oberfläche über 70 % Wasser zwischen ein paar Kontinenten --- einige gehen ineinander über, wie Asien und Europa.

Du hast es galaktisch gut!

Schon mal drüber nachgedacht, dass ausgerechnet du – ja, du! – auf dem einen von Milliarden Planeten wohnst, auf dem Leben überhaupt möglich ist? Die Wahrscheinlichkeit ist so groß wie – na, wie zehn Wochen lang sechs Richtige im Lotto. Und nicht nur das. Du hast Eltern, Freunde, hoffentlich keinen Hunger und keinen Krieg vor der Haustür. Vielleicht ein Haustier. Du kannst sogar lesen! Ich würde mal sagen: Du hast ein Schweineglück, du kleines bisschen Sternenstaub.

Pluto plaudert

Ein bisschen Sternenstaub steckt in jedem von uns. In den ersten Sternen bildeten sich Kohlenstoff und Sauerstoff – die Bausteine für die Planeten, auf denen Leben möglich ist.

Was mich angeht, ich würde nicht immer bei euch leben wollen. Ich hab's gern kälter. Und eure Luftmischung aus Stickstoff und Sauerstoff ist mir zu heftig. Von der Schwerkraft auf der Erde ganz zu schweigen. Da kommt man ja kaum vom Fleck. Wenn ICH auf meinem Heimatplaneten einkaufen will, mache ich einen Sprung und lande gleich zehn Kilometer weiter.

Aber pass gut auf ...

So, der Bordcomputer zeigt mir Bilder von der Erde. Sehr schöne! Hohe Berge, blaue Ozeane – aber was ist denn das? Giftlachen im Meer, dicke Abgaswolken, fette Autostaus ... das stinkt ja schon beim Hinschauen. Und das Eis in der Arktis – schmilzt? Was wird bloß aus den Eisbären?

Puuuuh ...
das wird langsam ganz schön heiß hier!

Klimawandel – da schmilzt das Eis unter den Pfoten weg. Hilfe!

Entschuldigung, jetzt muss ich doch nachschauen, ob da alles mit rechten Dingen zugeht. ALIENPEDIA eingeben und dann die Frage „Gibt es intelligentes Leben auf der Erde?".

Quatsch! Natürlich gibt es bei euch intelligentes Leben. Du bist das beste Beispiel. Aber ich höre immer wieder, dass es Probleme gibt. Das Klima verändert sich. In einigen Städten ist die Luft so dick, dass man kaum etwas sieht. Ich würde sagen: weniger Müll, weniger Wasser verbrauchen, weniger die Heizung aufdrehen, die Natur und die Tiere schützen. Man weiß ja nie. Bei euch ist ja schon so manche Art aus-gestorben. Zum Beispiel diese Dinosaurier. Obwohl, daran ist ja wohl ein Meteoroid aus dem All schuld. Oder sagt man Meteorit?

K-Alli hat's kapiert

Ein Meteoroid ist ein Gesteinsbrocken aus dem All. Durchbricht er die Atmosphäre, erzeugt er ein Licht, das man als Meteor bezeichnet. Schlägt er auf dem Boden auf, sagt man Meteorit.

So, gleich tauche ich in die Atmosphäre ein. Landung auf dem amerikanischen Kontinent. Ich bin nämlich in einer wichtigen Mission unterwegs – Mission „Pluto".

Kino mit K-Alli

K-Alli ist aus einem bestimmten Grund auf der Erde. Hier kommt die Geschichte einer plutonischen Freundschaft.

Pluto plaudert

Area 51 gibt es wirklich in den USA. In diesem militärischen Sperrgebiet ist angeblich ein Ufo abgestürzt. Noch immer soll es unter der Wüste geheime Forschungseinrichtungen geben.

Weißt du, wie die Sterne entstehen?

Überall im Universum werden Sterne groß. In Sternenhaufen. Junge Sterne sind wie Kinder – sehr neugierig. Jedenfalls bei BAFF!

„Menno!", raunze ich meinen Zwillingsstern an, der mich seit einer Ewigkeit umkreist. „Ich will endlich einen Namen! So einen wie Merkur. Oder Mars." Für einen Moment scheint er zu stoppen, schießt bläuliche Hitzestrahlen in meine Richtung. „Du Blödi", sagt er, „das sind Planeten aus Stein und du bist ein Stern, also eine Kugel aus heißem Gas. Außerdem müssen dich die Menschen mit ihren Teleskopen erst mal entdecken. Ätsch!"

Schwups! Schon dreht er mir sein Hinterteil zu. Stinksauer pumpe ich mich auf und stoße eine heiße gelbrote Gaswolke aus. „Hey! Kann mir bitte mal jemand sagen, wie ich ins Universum gekommen bin?"

Die anderen Sterne wissen es auch nicht, jung, wie sie sind – höchstens eine Milliarde Jahre. Bis auf den großen roten hinter der Wolke. Er ist der älteste hier und behauptet, man habe ihn bereits entdeckt und suche jetzt für ihn den schönsten Namen.

„Na gut", brummt er. „Aber ich erzähl's nur noch einmal. Hier, im Riesennebel der wirbelnden Wolken, warst du ein winziges Wölkchen aus Gas und Staub. Drehtest dich rasend und wurdest zum Protostern. So heißt die Vorstufe zum Stern."

„Echt?" Ich bin enttäuscht. „Ich dachte, mich hätte ein Feuerdrache gebracht!" Der Rote lacht. „Feuer ist gar nicht so schlecht! Ähem – ich war ja auch mal jung, daher weiß ich das so gut." Klugscheißer. „Je dichter das Gas in unserem Innern wird", erklärt er, „desto heißer wird es. Und am heißesten ist es – wo?"

Festgehalten vom Hubble-Weltraumteleskop:
Hier entstehen Sterne.

„Vielleicht – dort?", antworte ich und spucke einen gelben Feuerbogen, der auf meine Mitte zurückfällt. „Genau!", lacht der Rote. „Im Kern wird es heißer und heißer. Wie in einem Hochofen." Keine Ahnung, was ein Hochofen ist.

Der Rote stößt einen Gürtel aus Dampf aus. „Bei über zehn Millionen Grad Celsius", erklärt er, „wird Wasserstoff zu Helium verschmolzen. Und dann geht's richtig los. Bei mir war das so, als hätte mich jemand angeknipst. Ich fing an zu strahlen."

„Wie die anderen dahinten?", frage ich und deute auf die nächstbeste Galaxie, in der mir die Sterne irgendwie größer vorkommen. Der Rote wird noch ein bisschen roter, wie immer, wenn ihm etwas unangenehm wird. „Das", antwortet er, „ist jetzt kein gutes Beispiel. Einige von denen sind schon ausgeknipst!"

Diese Galaxie aus vielen Sternen, Staub und Gas ist spiralförmig.

Ausgeknipst? Wie kann ein leuchtender Stern „aus" sein? Der Klugscheißer-Riese stößt eine beißende Gaswolke aus. „Weil das Licht so lange braucht, bis es uns erreicht. Ewig lange. Viele Lichtjahre eben. Und so weiß man nicht, ob der eine oder andere Stern noch da ist oder, oder …" Er stockt eine Lichtsekunde lang.

„Oder – was?", frage ich. Jetzt wird es interessant. Er kugelt ein bisschen auf einem Fleck. „Oder ob der Ofen aus ist. Und der Stern explodiert. Als Supernova. So ist das, wenn uns ein ganz Großer verlässt."

Ich glaube, ich möchte kein großer Stern werden. Der Rote tröstet mich. „Das Ende eines Sterns ist immer auch ein Anfang", säuselt er. „Wenn ein dicker, großer Stern explodiert, entsteht aus seinem Material vielleicht eine Riesenstaubwolke. Das ist das Baumaterial für die nächste Generation von Planeten. Und jetzt entschuldige mich bitte. Gleich kommt eine Raumsonde vorbei. Die knipst bestimmt Fotos. Denkst du, Bello wäre ein guter Name für mich? Heißt „der Schöne!" Na ja, klingt eher wie ein Hundename.

Wer hat Angst vorm Schwarzen Loch?
Luca befragt Patrick Stern

Luca: Sehe ich da Ringe unter deinen Augen? Wie beim Saturn.

Patrick: Hab wohl zu tief ins Universum geschaut. Schließlich wollte ich sehen, wo die Sterne entstehen. Die waren ja nicht immer da. Ständig tauchen neue auf. Immer beginnt es mit Staubwolken, die rasend schnell kreiseln und sich zu einem Stern verdichten, einem Protostern.

Luca: Und die Planeten? Entstehen die genauso?

Patrick: Ohne Stern kein Planet. Um den Protostern kreist eine Hülle aus Gas und Staub, die sich zu einer Scheibe verdichtet – das ist der Baustoff für Planeten. Dabei ist Recycling ganz wichtig. Jeder sterbende Stern ist ein neuer Anfang. Nur bei den ganz dicken Brummern, da entsteht etwas, das man nur schwer begreift.

K-Alli hat's kapiert

Stephen Hawking ist der englische Wissenschaftler, der von seinem Rollstuhl aus unterrichtet. Er erforschte die Schwarzen Löcher. Zusammen mit seiner Tochter schreibt er übrigens auch Bücher für Kinder.

Das Hubble-Weltraum-teleskop macht seit Jahren Aufnahmen im All.

Satelliten sorgen auch dafür, dass wir mit dem Navi fahren können.

Blick ins Weltall

Das William-Herschel-Teleskop auf den Kanarischen Inseln

Radioteleskope in New Mexico, USA

Luca: Jetzt kommt's! Na endlich, das Schwarze Loch!

Patrick: Genau! Wenn ein super-massiver Riese zur Supernova wird und explodiert, schrumpft sein Zentrum auf einen einzigen Punkt von gigantischer Dichte. Dessen Schwerkraft ist so ungeheuerlich, dass alles in seiner Nähe angezogen wird. Sogar das sichtbare Licht! Dann sprechen wir von einem Schwarzen Loch. Es schluckt alles, was ihm zu nahe kommt.

Luca: Also wird man da richtig reingezogen?

Patrick: Vergleiche das mal mit einem Wasserfall. Kurz davor kannst du gegen die Strömung paddeln, aber wenn du einmal über den Rand gerätst, dann war's das.

Luca: Also wenn ein Raumschiff von dieser Mega-Schwerkraft angezogen wird, dann …

Patrick: … wird es vermutlich in die Länge gezogen – wie Nudelteig zu Spaghetti, sagt der Wissenschaftler Stephen Hawking. Zum Glück sind wir von Schwarzen Löchern weit entfernt. Eines sitzt genau im Zentrum der Milchstraße.

MJAMM! Sternen-Spaghetti

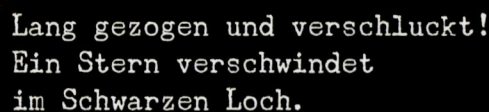

Lang gezogen und verschluckt!
Ein Stern verschwindet
im Schwarzen Loch.

Luca: Bestimmt gibt's unendlich viele Schwarze Löcher.

Patrick: So viele wie Galaxien – wer weiß. Es ist ja nicht einmal klar, ob es nur ein Universum gibt. Unser Universum entstand aus einem Punkt und seit 13,7 Milliarden Jahren dehnt es sich aus.

Luca: Und woher weiß man das?

Patrick: Wir wissen das, weil das Licht seine Zeit braucht – das der Sonne etwa acht Minuten, bis es bei uns angelangt ist. Wenn wir alle Lichtquellen da oben betrachten, können wir in die Vergangenheit des Universums schauen. Die entferntesten Galaxien liegen etwa zwölf Milliarden Lichtjahre entfernt. Ihr Licht, das ich durchs Riesenteleskop sehe, haben sie also vor zwölf Milliarden Jahren abgestrahlt.

Luca: Dann ist das Teleskop ja so etwas wie eine Zeitmaschine! Kann man bis zum Urknall gucken?

Patrick: Fast. Aber am Anfang hat das Universum kein Licht durchgelassen – etwa 300.000 Jahre lang. Auch wenn wir dabei gewesen wären, hätten wir den Urknall nicht gehört und nicht gesehen.

Luca: Ist doch schon, dass es noch ein Geheimnis gibt.

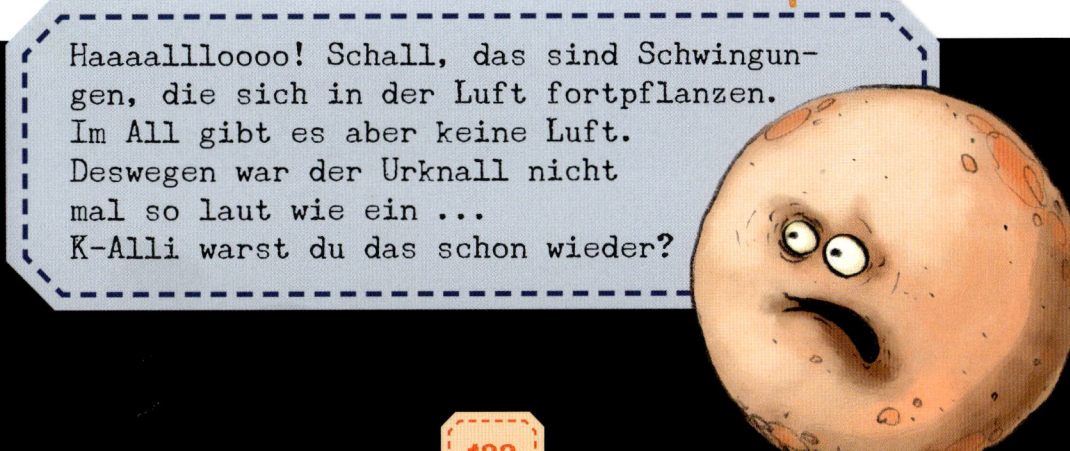

Pluto plaudert

Haaaallloooo! Schall, das sind Schwingungen, die sich in der Luft fortpflanzen. Im All gibt es aber keine Luft. Deswegen war der Urknall nicht mal so laut wie ein ... K-Alli warst du das schon wieder?

Onkel Albert bei den Außerirdischen

„Und jetzt alle – Klatschrakete!" Alle Schüler klopfen auf die Tische und K-Alli deutet auf den Gast. „Darf ich vorstellen: einer der berühmtesten Wissenschaftler der Erde, Nobelpreisträger Albert Einstein. Er will uns was über Zeitreisen erzählen. Interessantes Thema. Vielleicht können Sie uns Ihre Theorie einmal erläutern? Aber vergessen Sie nicht – K-Allianer sind schnell im Kopf. Auch die Kinder. Sie denken in Pupsgeschwindigkeit!"

Gut, dass Albert Einstein unter seinem Helm nichts riechen kann! Den Helm braucht er hier unbedingt, denn auf K-Allis Planeten gibt es kaum Sauerstoff zum Atmen. „Vielen Dank für die Einladung", sagt Einstein zu den Schülern, „nennt mich ruhig Onkel Albert." Onkel Albert malt etwas auf die Tafel. Die Erde, ein Raumschiff, zwei Wecker und zwei große Pfeile.

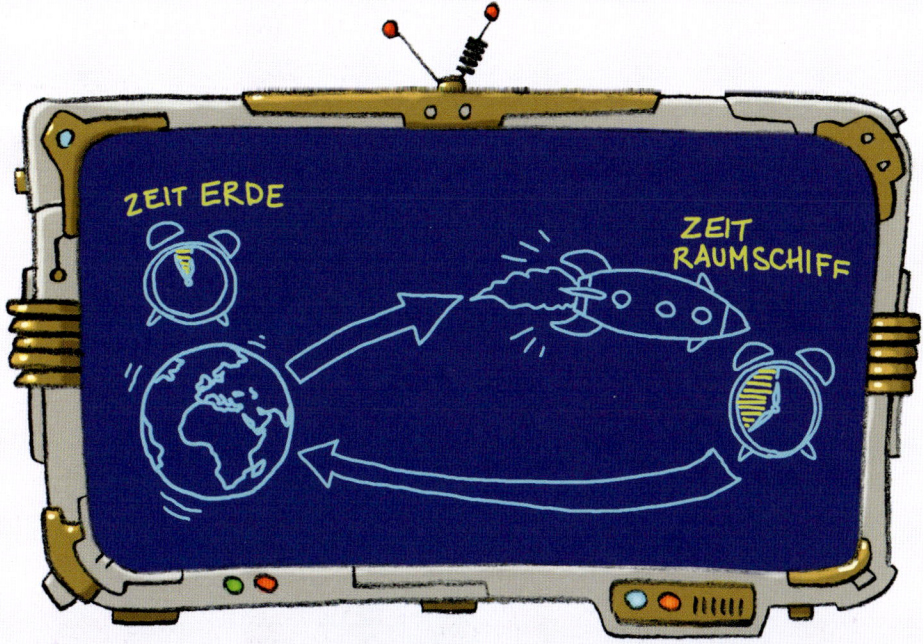

„Wenn ein Raumschiff sehr, sehr schnell ein Jahr lang durch das Weltall fliegt, werden die Astronauten bei ihrer Rückkehr eine Überraschung erleben. Die Kollegen auf ihrem Heimatplaneten sind auf einmal viel älter oder sogar schon in Rente! Bei hoher Geschwindigkeit vergeht die Zeit also ... nun? Wer kann die Frage beantworten?"

Ein Mädchen streckt die Zunge raus. Bei den K-Allianern ist das so üblich, wenn man im Unterricht etwas sagen will. „Bitte, Iri", sagt K-Alli. Die Kleine legt los. „Je schneller jemand unterwegs ist, desto langsamer vergeht für ihn die Zeit!" Onkel Albert nickt, dass die wirren Haare unter dem Helm nur so fliegen. „Richtig! Für die Astronauten im All verging die Zeit relativ langsam und für ihre Kollegen auf der Erde relativ schnell. Deshalb nennt man das Ganze auch ..."

„Re-la-ti-vi-tätstheorie!" Das ist die Stimme von Iris Zwillingsbruder. „Bitte erst die Zunge zeigen und dann reden", sagt K-Alli streng. „Also – hast du eine Frage, Aro?" Der deutet auf Iri. „Ich düse also ein paar Jahre durch das Universum, komme wieder und besuche meine Zwillingsschwester." – „Ja, das wäre doch schön", meint Onkel Albert. – „Wenn ich sie wiedersehe ..." Aro kann vor Lachen kaum weitersprechen. „Sieht sie dann aus wie meine Oma?"

K-Alli hat's kapiert

Einstein war kein besonders guter Schüler und bekam doch den Nobelpreis. Er bewies, dass Licht aus extrem kleinen Teilchen besteht. Zu seiner Relativitäts- theorie gehört auch die Annahme, dass das Universum krumm ist wie eine Banane.

Er pupst vor Begeisterung. Die anderen pupsen mit. Alle. Bis auf seine Schwester. Die schmollt. „Kommt auf die Geschwindigkeit an", sagt Onkel Albert und lächelt Iri aufmunternd zu. „Vielleicht doch eher wie eure Mama oder wie eine große Iri", meint er. Da muss Iri grinsen.

Jetzt mischt sich K-Alli ein. „Wie lässt sich denn Ihre Jünger-älter-Theorie beweisen?" – „Bisher nur im Experiment", sagt Onkel Albert Einstein bedauernd. „So schnell werden die Raumschiffe der Menschen wohl nie sein, dass man einen wirklich deutlichen Altersunterschied feststellen kann. Meine Theorie stimmt – aber im täglichen Leben fällt das einem kaum auf."

„Vielen Dank, Herr Einstein", sagt K-Alli. „Dann werde ich Sie mal wieder zurückbringen. Wollen wir noch ein Foto machen?" Onkel Albert ist einverstanden. „So", sagt K-Alli, „und jetzt mal alle schön die Zunge rausstrecken!"

Albert albert!
Das Foto ist echt.

Wäre ich ein guter Astronaut?

Ein Test für alle

Willst du ins All abheben? Dann solltest du einiges wissen.
Beantworte die Fragen und zähle deine Punkte zusammen.

Du startest ins All.
Was braucht dein Raumanzug?

☐ einen MP3-Player **0**

☐ einen Sauerstofftank **2**

☐ eine Innentoilette **1**

Kennst du den Unterschied zwischen Stern und Planet?

☐ Ein Planet ist größer als ein Stern. **1**

☐ Ein Stern strahlt von selbst, ein Planet nicht. **2**

☐ Ein Planet strahlt heller als ein Stern. **0**

Außenreparatur an der ISS. „Du verlierst den Schraubenzieher", brüllt einer.

☐ Was soll's, noch ein Stück Weltraumschrott. ❶

☐ Mist! Ich flieg besser mal hinterher. ⓪

☐ Kann nicht sein, dass ich einen rufen höre.
   Im All gibt's keinen Schall! ❷

Welcher Fußballklub führt den Spitznamen „Die Außerirdischen"?

☐ Venus Wolperding ❶

☐ FC Barcelona ❷

☐ Roter Stern Belgrad ⓪

Der Abstand zwischen Erde und Mond ändert sich ständig. Warum?

☐ Der Mond wandert nicht in einem festen Kreis um die Erde. ❷

☐ Hat nie jemand richtig ausgerechnet. ⓪

☐ Weil man vom Mond nur eine Seite sieht. ❶

Auflösungen auf Seite 62

Luca und Patrick
sagen Tschüss

Luca: Möchtest du auch einen Stern entdecken – und ihm deinen Namen geben?

Patrick: Haha, wie soll der denn heißen? Patrick-Stern-Stern? Übrigens kann man auch Sternenpatenschaften übernehmen. Kostet aber ein bisschen was.

Luca: Nein danke, ich spare schon für die Reise mit Space Ship Two. Sag mal – wenn wir uns in ein paar Jahren wiedertreffen, wird man dann noch mehr rausbekommen haben?

Patrick: Na klar. Aber so ist das bei fast jeder Wissenschaft. Auch die Knochenjäger, die Paläontologen stoßen immer wieder auf neue Erkenntnisse. Für mich als Astronom ist es wie bei einem tollen, aber komplizierten Spiel. Der Spaß fängt erst an, wenn man die Regeln kennt. Was das Universum angeht – da sind wir gerade mal dabei, die Spielanleitung zu lesen.

Plutos Ausflugstipps

Das Planetarium in Hamburg

Planetarium Hamburg: Ein Star unter den Sternentheatern mit toller Kuppelprojektion und super Programmen für Kinder. Direktor Thomas W. Kraupe beantwortet eure Fragen gerne selbst! *www.planetarium-hamburg.de*

Weitere spannende Planetarien findest du auch Bochum, Jena, Berlin – und vielen anderen deutschen Städten. *www.zvsd.org/Verzeichnis-Planetarien-Sternwarten*

Deutsches Museum in München: Von den Weltbildern der Antike bis zum schwebenden Astronauten – hier gibt es einiges zu sehen. *www.deutsches-museum.de*

Kölner EAC: Im Europäischen Astronautenzentrum erfährst du alles zum Training fürs Weltall. *www.dlr.de*

Planetarium Wien: In der größten Himmelskuppel Österreichs gibt es auch Familientage. *www.planetarium-wien.at/*

Verkehrshaus Luzern: Neben einer Raumfahrtausstellung gibt es hier das größte Sternentheater der Schweiz. *www.verkehrshaus.ch*

Zeittafel

Entstehung des Universums

13,7 Milliarden Jahre
Urknall

1000 Jahre später
Abkühlung

300.000 Jahre später
Universum wird „durchsichtig"

300.000.000
Jahre später
Wolkenbildung

13 Milliarden Jahre
Aus Wolken werden Sterne und Galaxien.

10 Milliarden Jahre
Unsere Galaxis, die Milchstraße, entsteht.

4,6 Milliarden Jahre
Unser Sonnensystem entsteht.

Heute
Bist du leider durch mit diesem Buch.

Auflösungen

Seite 139: Die Erde ist ein Planet. Um die Erde kreist der Mond. In unserem Sonnensystem gibt es auch Asteroiden und Kometen. Unser Sonnensystem gehört zu einer Galaxie, der Milchstraße. Die Erde und sieben andere Planeten kreisen um die Sonne.

Seite 188–189: Test
Sauerstofftank/Nur „Stars" strahlen/ Im All – kein Schall/FC Barcelona/ Der Mond kreist in einer Ellipse um die Erde.
8 bis 10 Punkte: Du bist ja wie eine Turborakete! Der erste Test ist bestanden.
5 bis 7 Punkte: Du kennst dich schon ganz gut aus. Im Planetarium erfährst du noch mehr.
0 bis 4 Punkte: Lass es lieber! Dich hält die Schwerkraft auf der Erde fest.

Ich bleib dann mal hier. Tschüss!